Luc Hertges

VERBINDE DICH.

Wie eine lebendige Beziehung zu dir selbst dein Leben rockt

SHEEMA

Luc Hertges

VERBINDE DICH.

WIE EINE LEBENDIGE BEZIEHUNG ZU DIR SELBST DEIN LEBEN ROCKT

Bibliografische Information der Deutschen Bibliothek

Die Deutsche Bibliothek verzeichnet diese Publikation in der Deutschen Nationalbibliothek; detaillierte Daten sind im Internet über http://dnb.de abrufbar.

1. Auflage 2020

Originalausgabe

Copyright © 2020 Sheema Medien Verlag,

Inh.: Cornelia Linder, Hirnsbergerstr. 52, D – 83093 Antwort

Tel.: +49 (0)8053 – 7992952, E-Mail: info@sheema.de

https://www.sheema-verlag.de

Copyright © 2020 Luc Hertges

ISBN 978-3-948177-06-5

Umschlaggestaltung: Kevin Rotolo deluxe-booking.com, Schmucker-digital

Autorenfotos: © 2020 Kevin Rotolo

Gesamtkonzeption: Sheema Medien Verlag, Cornelia Linder

Druck und Bindung: FINIDR, s.r.o., Český Těšín

Für
Neve Mara,
Maurice
und
Levi Nico

Möget ihr aufrichtig glücklich sein,
zu hundert Prozent heil und frei im Geiste.

INHALT

Kapitel 3

EIN BLICK IN DIE ZUKUNFT

Wir schreiben das Jahr 2052.

Die menschliche Spezies ist komplett in der nächsten Stufe der Evolution angekommen. Der blaue Planet, unsere Erde, gleicht dem viel beschriebenen Paradies aus den alten Schriften. Alle Wesen leben friedvoll miteinander und füreinander ein integres, würdevolles Leben.

Die Natur, die Wälder, haben den Planeten zurückerobert. Die Erde zeigt sich wieder in ihrer vollen Farbenpracht. Mensch und Tier erleben diese kristallklar schimmernden Farben in all ihren Facetten. Ein herrlich klares Himmelszelt wölbt sich über sie und sie sind umgeben von frischer, lichtvoller Luft. Jegliches Wasser ist wieder klar und lädt vor allem in den Wäldern dazu ein, sich zu erfrischen und im Wasser gelöste Nährstoffe zu sich zu nehmen.

Die meisten Menschen leben wie in früheren Zeiten in den Wäldern, wo sie sich von Pflanzen und Früchten ernähren. Seitdem der Mensch sich erneut in den Schöpfungskreislauf eingegliedert hat und verstanden hat, ein wesentlicher Teil dieser Schöpfung zu sein, wie alle anderen Wesenheiten auch, hat er gelernt, die Natur wieder zu ehren und ihre Wunder für sich zu nutzen. So wird Energie heute ausschließlich natürlich gewonnen, von den vier Elementen, die uns umgeben: Sonne, Wasser, Wind und Erde. Wir Menschen gehen achtsam und würdevoll mit diesen vier Elementen um. Es ist für jedes Wesen mehr als genug vorhanden und alle nehmen auch nur das, was sie zum Leben brauchen.

Das war nicht immer so. Vor nicht allzu langer Zeit hatte der Mensch seine Herrschaft über die Erde und die Natur als Krönung der Schöpfung übertrieben. Immer „höher, weiter und schneller" war das Motto der patriarchalischen und materiellen Erfolgsgesellschaft. Zu dieser Zeit brachte es der Mensch fertig, die natürlichen Ressourcen eines Jahres in wenigen Monaten im Glauben an die Profitmaximierung zu verschleudern. Viele Menschen wurden krank und auch der blaue Planet ächzte. Aber die Menschen waren zu jener Zeit so weit von ihrer wahren Natur abgeschnitten, dass sie sich weder fühlten noch spürten. Sie ließen sich ganz von außen von einigen wenigen Menschen führen, die an der Macht waren und den sogenannten Fortschritt vorantrieben.

Damals gab es jedoch bereits vereinzelt Menschen, die aus diesem kollektiven Traum der Profitmaximierung aufwachten und Alarm schlugen. Durch ihre Prägung und eigenen Muster waren diese Alarmsignale oft von Angst und Misstrauen begleitet, sodass sie wenig hilfreich waren und eher Widerstand bei denjenigen Menschen hervorriefen, die vor allem gewinnorientiert lebten. Dennoch gab es einige Bewegungen, welche sich der Kraft des Lichts und der Kraft der Liebe verschrieben hatten. Unermüdlich lernten diese Menschen wieder, sich zu spüren und zu fühlen. Sie gaben ihrem Kopf und Verstand ihr Herz und ihre Intuition an die Seite, und so gelangten sie zu tiefer Weisheit und tiefen Erkenntnissen. Aus dieser Zeit stammt auch eine der Schriften, welche heute noch gelesen wird: „Verbinde dich. Wie eine lebendige Beziehung zu dir selbst dein Leben rockt". Dieses Werk war maßgeblich mit dafür verantwortlich, dass die Menschen wieder zu ihrer wahren Wesenheit zurückfanden und sich wieder mit sich und der Natur verbanden.

Die letzte große Plage der alten Zeitrechnung trug mit dazu bei, dass der Mensch in seiner Wirkungsweise eingeschränkt war und sich in seine Behausung zurückziehen musste. Das war die Zeit, in der sich die Natur komplett regenerieren konnte. Die Menschen hatten fortan viel Zeit und wussten anfangs nichts mit sich anzufangen. Schön, dass es damals schon virtuelle Verbindungsplattformen gab, welche zu Meditation und Kontemplation über die wesentlichen Fragen des Lebens einluden. Zur gleichen Zeit verbreitete sich die Schrift „Verbinde dich. Wie eine lebendige Beziehung zu dir selbst dein Leben rockt" viral und das Virus der Liebe strömte unaufhaltsam aus. So kam es, dass die Menschen wieder zu sich fanden und sich ihrer wahren Natur als Teil des Ganzen bewusst wurden, bevor sie wieder aus ihren Häusern hinaus konnten. Heute, im Jahr 2052, in dem wir ringsum von Pflanzen, Tieren und anderen Wesenheiten umgeben sind, im natürlichen Kreislauf des Lebens, ist es schwer vorstellbar, wie die Menschen damals gelebt haben. Es muss die Hölle gewesen sein, so wie sie in alten Schriften beschrieben wird.

In der jetzigen wundervollen und magischen Zeit, in der sich der Mensch auf die Natur zurückbesinnt und sich mit allen Wesen verbunden hat, ist es ihm auch möglich, durch diese Rückbesinnung die nächste Stufe der Evolution zu zünden. Nie waren die Menschen weiterentwickelter und glücklicher als heute. So gehören Teleportation und Telepathie über mehrere Galaxien hinweg zur Gewohnheit. Ja, der Mensch bereist mittlerweile ferne Galaxien, und das mit natürlicher Energie und mehrfacher Lichtgeschwindigkeit. Die Menschen machen auch keinen Unterschied mehr zwischen jungen und alten Wesen, da jedes Wesen durch sein natürliches Gespür seinen Platz und seine Rolle im immerwährenden Schöpfungskreislauf einnimmt.

Wenn jetzt ein neuer Mensch das Licht der Welt erblickt, so ist es selbstverständlich, dass alle um ihn herum das Wunder des Neubeginns bestaunen und zu schätzen wissen. Das neue Menschenwesen wird mit neugierigen und liebevollen Blicken wahrgenommen. Wer ist dieses neue Wesen? Was sind seine Gaben, die es mit in diese Welt bringt? Wie will es seine innewohnenden Schätze mit uns teilen? Fragen über Fragen, die es langsam, stetig und ganz natürlich wachsen und seinen Platz im kosmischen Spiel finden und erfüllen lassen. Dies gilt übrigens für alle Wesen, die den Planeten Erde bewohnen.

Leben ist so einfach, magisch und kostbar zugleich und alle Wesen verstehen und schätzen das. Weisheit und Liebe schwingen gemeinsam und bilden heute den Grundton aller Manifestationen.

Diese würdevolle Lebensart hat Bestand und entwickelt sich natürlich weiter, da alle Wesen sehr achtsam mit der Verbindung zu ihrem inneren Lebensraum umgehen. So sind alle leuchtende Vorbilder: strahlend, licht und klar.

Im größten Tempel unserer Galaxie, der sich auf der Erde befindet, werden alle alten spirituellen Schriften aufbewahrt, zu denen „Verbinde dich. Wie eine lebendige Beziehung zu dir selbst dein Leben rockt" mittlerweile auch gehört.

VORWORT

Liebe Leserin, lieber Leser,

wenn du dieses Buch in Händen hältst, geht es dir wahrscheinlich wie mir und du träumst auch von einer heilen Welt in naher Zukunft.

Es freut mich ungemein, dass du dieses Buch liest und dich mit Beziehungs- und Erziehungsfragen beschäftigst. Ich danke dir sehr dafür, dass du dich diesen Themen widmest, die meines Erachtens wesentlich sind, wenn wir die Welt ein Stück weit friedlicher und würdevoller gestalten möchten, als sie momentan im Jahr 2020 ist. Und dazu lade ich in diesem Buch herzlich ein: zu dem Menschen zu werden, den du dir in deiner Kindheit als besten Freund, beste Freundin, Vater, Mutter, Bruder oder Schwester gewünscht hast. Indem wir zu dem werden, was wir uns am allermeisten von anderen wünschen, gehen wir in die Selbstverantwortung und dürfen über uns hinauswachsen, unser Selbstbewusstsein und unsere Selbstwirksamkeit stärken und unsere Würde und Freiheit wiederentdecken.

Eine kleine **Erklärung** vorab:

Ich erlaube mir, dich für die Zeit, die wir gemeinsam mit diesem Buch verbringen, mit dem DU anzusprechen. Dies ist auf der einen Seite persönlicher und baut eine Beziehung zwischen uns auf, andererseits fühlt sich dein Unterbewusstsein durch die persönliche Anrede tiefer angesprochen, was bei den Inspirationen im zweiten Kapitel und den Übungen im dritten Kapitel von Vorteil ist.

Damit dir das Lesen leichter fällt, habe ich mich dazu entschlossen, nur eine Geschlechterform zu verwenden, wobei auch immer alle anderen Formen gemeint sind. Ich habe ganz bewusst die weibliche Form gewählt, da Beziehungspflege eher der weiblichen Energie zugesprochen wird und patriarchische Erziehung meines Erachtens weibliche Energie nach wie vor unterdrückt, was unseren Beziehungen schadet.

Im **ersten Kapitel** erfährst du, wie ich Erziehung sehe mit Rückblick auf vergangene Zeiten und vor allem im Hinblick auf eine herausfordernde Zukunft. Dies ist meine Sichtweise, welche ich mir über die letzten Jahre als Vater, Lehrer, Schulentwickler, Therapeut, Coach und vor allem als Mensch zusammengesetzt habe. Demnach ist es meine Wahrheit und ich lade dich dazu ein, alles zu hinterfragen und dir dein eigenes Bild zu machen. Hier beginnt deine Selbstverantwortung – prüfe alles, ob es für dich stimmig ist und ob du es in dein Weltbild, also deine Sicht der Welt, übernehmen willst.

Im **zweiten Kapitel** teile ich mit dir 12 Inspirationen, welche meine Sicht der Dinge noch einmal vertiefen, erweitern oder einfach unterstreichen. Hier ist meine Einladung an dich, dich jeweils mit einem Gedanken über einen Zeitraum von einem Monat auseinanderzusetzen und zu beobachten, was dieser vielleicht neue und ungewohnte Gedanke in dir auslöst. Einen Monat, damit diesem neuen Gedanken ermöglicht wird, fester Bestandteil deines Denkens zu werden – natürlich nur, wenn du das möchtest.

Im **dritten Kapitel**, dem Übungsteil, lade ich dich dazu ein, deine Beziehung mit dir zu vertiefen. Wenn du magst, entdeckst du hier vielleicht alte Erziehungsmuster, welche du ablegen möchtest und/ oder du erforschst dein Denken, dein Fühlen, dein Handeln und trittst so tiefer in Beziehung mit dir. Entscheide bitte frei, ob du die Übungen parallel zu den Inspirationen ausführen magst oder danach.

Meine Botschaft ist:

Wenn du eine liebevolle Beziehung zu dir selbst pflegst, pflegst du automatisch deine Beziehungen im Außen und bist so ein Vorbild für lebendige Beziehungen, die alle Beteiligten stärken.

WARUM DIESES BUCH?

Wir leben in einer schnellen und rastlosen Zeit, in der der Wandel die einzige Konstante zu sein scheint. Dabei vermehrt sich unser Wissen rasant exponentiell und fast genauso schnell veraltet es wieder und gilt als überholt. In dieser VUCA[1]-Welt ist der Schrei nach Sicherheit und Stabilität ganz verständlich.

Ob dabei ein Zurück-zu-den-alten-Zeiten mit einfachen, klaren Strukturen und Regeln der richtige Ansatz ist, wage ich persönlich zu bezweifeln. Im Gegenteil, ich bin fest davon überzeugt, dass es neue, teilweise verrückte und vor allem verbindende Denkanstöße und Entwicklungen geben darf, um dieser unglaublich unbeständigen, ungewissen, komplexen und mehrdeutigen Realität gerecht zu werden. Unter verbindenden Denkanstößen, Entwicklungen und Lösungen verstehe ich komplexe, weil vieldeutige Ansätze, die alle möglichen Blickpunkte auf den „Verhandlungstisch" einladen, an dem gemeinsam Lösungen gefunden werden, welche alle Blickpunkte und Bedürfnisse miteinbeziehen. Eine solche, alle Standpunkte verbindende, integrale Sichtweise, setzt eine gute Beziehungsfähigkeit, also gute Sozialkompetenzen voraus, wie das Wahrnehmen der eigenen Bedürfnisse und der Bedürfnisse anderer sowie das aktive, konstruktive und kreative Mitwirken an verbindenden Lösungen.

---

[1] VUCA ist ein Akronym für die englischen Begriffe ‚volatility' (Volatilität, Unbeständigkeit),‚uncertainty' (Unsicherheit),‚complexity' (Komplexität) und ‚ambiguity' (Mehrdeutigkeit).

Woran eine traditionelle und patriarchalische Erziehung in meinen Augen und aus meiner Erfahrung heutzutage scheitert und wie eine zeitgemäße Erziehung durch Beziehung neue Lösungsansätze anbietet, davon handelt dieses Buch. Ich habe es für alle wundervollen Menschen geschrieben, welche fortan bereit sind, sich der Liebe und dem Vertrauen zuzuwenden und die Welt mitzuerschaffen, in der sie leben wollen.

Mein Buch gilt allen Kindern dieser Welt. Ich möchte in die Welt hinein schreien:

Ihr seid gut, genau so, wie ihr seid!

Glaubt an euch selbst!

Hört auf eure innere Stimme!

Lasst euch von der Freude eurer Herzen leiten!

Mein Buch richtet sich an alle Väter, an alle Mütter, alle Omas und Opas, alle Onkel und Tanten, alle Erzieherinnen und Erzieher, alle Lehrerinnen und Lehrer sowie an alle Menschen, die mit Kindern in irgendeiner Form in Beziehung stehen.

Ich möchte euch die Augen wieder öffnen für die Wunder, die Kinder sind, und für die Wunder, die sie bewirken und welche wir durch sie erfahren können.

Ich möchte euch ermutigen, euch von den Kindern dieser Welt inspirieren zu lassen und somit das eigene innere Kind in euch wiederzuentdecken und die Beziehung zu ihm bewusst wahrzunehmen und zu pflegen. In diesem Raum der heiligen Beziehung mit eurem inneren Kind entsteht Heilung. Ihr dürft feststellen, dass alles, was ihr im Außen sucht, in eurem Innern bereits vorhanden ist. Indem ihr dies erkennt, wird die Liebe und das Vertrauen in euch wieder wachsen. Ihr erkennt eure Vollkommenheit an und werdet euch selbst genügen.

Aus dieser inneren Erfahrung heraus könnt ihr ganz anders auf die Außenwelt zugehen. Ihr könnt sie staunend entdecken und ihre Vielfalt einfach genießen. Dieser innere Reichtum, der sich im Außen spiegelt, wird euch bewusst, und so seht ihr auch, dass alles mit allem verbunden ist. Ihr werdet eure Mitwesen genauso lieben können wie euch selbst und Frieden wird einkehren auf unserem Heimatplaneten Erde.

Dass Kinder wieder sie selbst sind und mit Freude und Neugier ihre Umwelt entdecken und selbst gestalten, das ist das Anliegen meines Buches. Ich wünsche mir das Paradies auf Erden für alle Kinder, kleine und große. Meine Sehnsucht nach der heilen Welt wird getragen von der Trauer, eine solche in der Kindheit nicht erlebt und nach und nach den Glauben entwickelt zu haben, nicht gut genug zu sein – und deshalb auch keinen Platz in diesem Universum verdient zu haben. An diesem Punkt habe ich mich und mein Sein unbewusst verraten und bin in die Selbstablehnung und den Selbsthass gegangen. Zum damaligen Zeitpunkt – ich war zwischen vier und fünf Jahre alt – hatte ich mich unbewusst dazu entschlossen, herauszufinden, was die Menschen um mich herum von mir wollten. Ich hatte mich dahingehend erziehen lassen und meine Rolle fast 40 Jahre perfekt gespielt, bis ein Weckruf, eine Krise, mich aufwachen ließ.

Bitte lasst uns jetzt gemeinsam aufwachen und uns wieder mit unseren Wurzeln, unseren inneren Kindern, unserer Weisheit, unserem wahren Wesen verbinden. Lasst uns unseren Planeten und uns selbst wieder in das transformieren, was wir und er wirklich sind: Wunder!

Nun wünsche ich dir viel Freude beim Lesen, Staunen, Wundern …

1 EIN VERTRAUENSVOLLES MENSCHENBILD

Als du das Licht dieser Welt erblickt hast, warst du voller Vertrauen. Dein Geist war ganz offen und begegnete der Welt vollkommen frei und neugierig. Voller Ekstase und voller Freude hast du dich all deinen Erfahrungen hingegeben.

Erst später hast du gelernt, was scheinbar gut und schlecht, richtig und falsch ist. Wenn du von Menschen umgeben warst, die dich als das Wunder betrachteten, das du wirklich bist, hatten sie wohl selber das große Glück, voller Vertrauen in sich zu sein, und sind dir mit diesem Urvertrauen begegnet. So durftest du deinen Erfahrungen aus dir selbst heraus eine Bedeutung geben, indem du selbst in dich hineingefühlt und -gespürt hast. Du lerntest auf natürliche Weise, was deinem Erblühen dient und was nicht. Dein Urvertrauen wuchs mit jeder bewussten Wahl, das für dich Richtige zu tun.

Warst du jedoch von Menschen umgeben, deren Urvertrauen ihnen im Laufe des Lebens verloren gegangen war, da auch sie Menschen um sich hatten, welche in Angst aufgewachsen waren, so hast du diese Angst wie mit der Muttermilch aufgesogen. Du hast das Vertrauen in dich verloren und nach und nach gelernt, deine Sicherheit im Außen zu suchen, und vielleicht hast du sie dort auch gefunden.

Heute wissen wir, dass unsere Art, die Dinge zu sehen, zu verstehen und zu interpretieren, unser Weltbild maßgeblich beeinflusst. So sind wir die Gestalter unserer Wirklichkeit, auch wenn uns dies vielleicht nicht immer bewusst ist. Demnach sind wir herzlich dazu eingeladen, bei unseren Interpretationen, sprich Gedanken, bewusst hinzuschauen, wenn wir uns von einem misstrauischen, durch Angst geprägten Menschenbild verabschieden und in ein vertrauensvolles transformieren wollen.

Auf Gebote und Verbote, die auf Angst und Misstrauen basieren und das Urvertrauen erschüttern, dürfen wir getrost verzichten. Es gibt nicht den einen, absolut richtigen Weg, den uns diese Ge- und Verbote glauben lassen wollen. Die Wege sind so vielfältig und verschieden, wie es Vielfalt und Verschiedenartigkeit unter uns Menschen und in der Gesamtheit des Universums gibt. Demnach ist der „richtige" Weg auch hier der einzigartige, eigene, vertrauensvolle Weg.

Neue, auf Vertrauen basierende Erfahrungen führen zu neuen, anderen, auf Vertrauen basierenden Ergebnissen, sodass sich unser Welt-, und hier unser Menschenbild, Schritt für Schritt verändert. Je mehr und je öfter wir diese vertrauensvollen Erfahrungen machen, desto mehr „Vertrauens"-Verknüpfungen entstehen in unserem Gehirn. So entstehen dann auf Vertrauen basierte neuronale Muster und Verhaltens-Muster. Über dieses andere Sein und Wirken inspirieren wir dann andere Menschen dazu, ihr bisheriges Menschenbild infrage zu stellen und sich für inspirierende Gedanken, Möglichkeiten und Erfahrungen zu öffnen.

So möchte ich dich hier ganz herzlich dazu einladen und ermutigen, selbst auszuprobieren und zu schauen, was passiert, wenn du dich für ein vertrauensvolles Weltbild öffnest. Aus meiner Erfahrung entstehen Selbstvertrauen und Selbstwirksamkeit, welche mich persönlich absolut dazu ermuntert haben, dieses positive und vertrauensvolle Menschenbild weiter bewusst zu stärken.

Für den Fall, dass du von Menschen umgeben warst, denen ihr Urvertrauen im Laufe des Lebens verloren gegangen ist, und du dein Urvertrauen unbewusst nach und nach aufgabst, um es ihnen gleich zu tun, so möchte ich dir sagen, dass ich mit dir fühle. Gleichzeitig rufe ich dir zu: Es ist jederzeit möglich, den Zugang zum Urvertrauen wiederzufinden und zu pflegen! Wenn du dich nun fragst, wie dir dies gelingen soll, so ist meine Antwort: Indem du zuallererst wieder ein positives Mindset und eine positive, auf Vertrauen ausgerichtete Denkweise aufbaust.

Mein Lieblingssatz für ein positives Mindset ist:

Woran ich glaube, das erreiche ich!

Oder, wie Henry Ford es einst treffend formulierte:

„Ob du glaubst, es zu schaffen, oder ob du glaubst, es nicht zu schaffen – du wirst immer recht behalten."

Ich habe lange unbewusst an dem zweiten Teil von Henry Fords Aussage geglaubt und mir so mein eigenes Selbstbild regelmäßig bestätigt. Erst, als ich wirklich verstanden hatte, wie das Universalgesetz der Resonanz funktioniert (Dein Wille geschehe), habe ich bewusst begonnen, neue neuronale Verbindungen in meinem Gehirn aufzubauen, indem ich immer wieder ganz bewusst den ersten Teil dieses Zitats gedacht habe. Und so langsam wurden die Muster ersetzt, welche den zweiten Satz bis dato aufrechterhielten, bis nur noch „Woran ich glaube, das erreiche ich!" übrigblieb.

Du fragst dich jetzt bestimmt:

„Wie kann ich mich auf eine Möglichkeit einstellen, die bisher für mich undenkbar und unmöglich war?"

Erstens, indem du für dich anerkennst, dass es für andere möglich ist. Wenn du dir Beispiele vor Augen führst, in denen andere etwas kreiert oder erreicht haben, was du bis jetzt für undenkbar und unmöglich hieltest, erschaffst du die Erfahrung in dir, dass es möglich ist.

In einem zweiten Schritt darfst du dann deinen Glauben erweitern und dir diese Möglichkeit selbst zutrauen. Wenn es für andere möglich ist, dann ist es sicherlich auch für dich möglich. Wenn du dir diese neue, bisher unmögliche Erfahrung zutraust, dann erlaubst du deinem Geist, deinem Denken, von deinen Begrenzungen weg zu neuen Möglichkeiten zu gehen. Eine neue Möglichkeit entsteht in dir: „Auch ich kann dies erreichen, erschaffen."

In einem nächsten Schritt darfst du Lösungsansätze und -wege finden, beispielsweise, indem du bei Menschen, die dieses schon erreicht haben, nachfragst, wie sie es angegangen sind, um davon zu lernen. So kannst du dich auch von Büchern wie diesem, Podcasts, Dokumentationen ... inspirieren und ermutigen lassen.

Im vierten und letzten Schritt darfst du dann die gefundenen Lösungen Schritt für Schritt umsetzen und dich so auf eine neue, bisher unmögliche Erfahrung zubewegen. Hier ist es wichtig, zu verstehen, dass bei einem Zubewegen „Schritt für Schritt" auf eine neue Möglichkeit auch zwischenzeitlich Rückschritte und Misserfolge zu verzeichnen sind. Diese sind ganz natürlich. Sie laden dich dazu ein, sowohl Geduld als auch Disziplin zu üben, sowie gelegentliche Kurskorrekturen vorzunehmen, da der Weg ein Lernprozess ist, bei dem du auch immer mal sogenannte Fehler machst, von denen du lernen kannst, wenn du magst.

Zwei Mindsets, die mich persönlich sehr inspiriert haben und immer noch begleiten, sind von Veit Lindau, meinem spirituellen Lehrer, und Maya Angelou, einer meiner Inspirationsquellen:

„Werde die beste Version, die du sein kannst." (Veit Lindau)

„Gib dein Bestes, bis du es besser weißt, dann gib wieder dein Bestes!" (Maya Angelou)

In beiden Zitaten steckt für mich dieses vertrauensvolle Menschenbild sowie die wundervolle Gabe der Vergebung. Ich kann mir vergeben, dass ich es bisher nicht besser wusste und jetzt, wo ich es besser weiß, kann ich es besser machen, wenn ich will.

2 BEGEISTERUNG ERMÖGLICHEN ODER PFLICHTERFÜLLUNG FORDERN?

Was ermöglicht dir, zur besten Version zu werden,
die du sein kannst?

Was ermöglicht dir, dein Bestes zu geben?

Zwei wundervolle Fragen, die mich immer wieder inspirieren und tief in mir wirken, wenn ich ihnen Raum dazu gebe. Aus meiner Erfahrung heraus lautet meine derzeit wahrhaftigste Antwort auf beide Fragen: Immer dann, wenn ich ganz authentisch ich bin. Frei von Erwartungen, frei von Zweifeln, frei von Ängsten, frei von Zwängen ... einfach frei!

Wenn Freiheit meine tiefste Sehnsucht ist und vielleicht auch mein natürlichster Wesenszug, wie kann ich diese Freiheit dann vollkommen ausleben UND den Wesen um mich herum dienen?

Auf diese Frage wurden zu unterschiedlichen Entwicklungszeitpunkten unterschiedliche Antworten gegeben, wie ich im Kapitel „Erziehung aus entwicklungsgeschichtlicher Perspektive" noch näher beleuchte. (Siehe Seite 33).

So kann die Antwort, aus einem misstrauischen Menschenbild heraus, zum Beispiel lauten: Wir müssen Menschen mithilfe von Erziehungsmethoden, Geboten und Verboten so erziehen, dass sie vernünftig und pflichtbewusst ihre Aufgaben erfüllen. Dies stellt den Erhalt einer aktuellen Gesellschaftsstruktur sicher.

Aus einem positiven und auf Vertrauen basierenden Menschenbild heraus sieht die Antwort vielleicht so aus: Wir alle sind freie Wesen und stellen in den Feldern, in denen wir leben und wirken, zusammen gemeinsame, auf Werte basierende Regeln auf, an die wir uns selbstgewählt und selbstbestimmt halten und an denen wir uns messen lassen. Diese selbstbestimmten Regeln, gepaart mit einem gemeinsamen Anliegen, sind unser Antrieb, uns zum Wohle aller selbst zu verwirklichen.

Dies entspricht im Übrigen meinem aktuellen Verständnis der Welt und ist somit auch meine Antwort auf die Frage.

Die Frage, die sich heute mehr denn je für jeden von uns stellt: Wollen wir blutleere Pflichterfüllerinnen oder begeisterte Ermöglicherinnen sein?

Oder, wie Frédéric Lenoir es ausdrücken würde: „Wollen wir schlicht und einfach existieren oder kunstvoll leben?"

Meine Einladung an dich und mich lautet:

Lass uns alle friedvolle und freie Lebenskünstlerinnen sein.

3 ERZIEHUNG UND BEZIEHUNG AUS SICHT DER AKTUELLEN HIRNFORSCHUNG

Wie werden wir unbewusst zu Pflichterfüllerinnen und vor allem,
wie gelingt es uns, unsere Begeisterungsfähigkeit
wiederzuentdecken und zu stärken?

Traditionelle Erziehungsmodelle vertreten den Standpunkt, dass der Mensch als unfertiges Wesen geboren wird und erzogen werden muss, damit er sich in der aktuellen Welt und Gesellschaft zurechtfindet. Hierbei handelt es sich um ein defizitäres und misstrauisches Menschenbild, welches wenig Beziehung auf Augenhöhe voraussetzt oder zulässt.

So entsteht eine scheinbare Trennung zwischen derjenigen, die alles weiß und derjenigen, die (scheinbar noch) nichts weiß. Diese (gedachte) Trennung kann heutzutage im Schmerzzentrum des Gehirns als wirklicher Schmerz sichtbar gemacht werden. Nämlich immer dann, wenn ein Mensch über das Belohnungs- beziehungsweise Bestrafungssystem aktiviert oder motiviert wird.

Diesen Schmerz erklärt der Neurobiologe Prof. Dr. Gerald Hüther damit, dass jeweils die Würde des Menschen verletzt wird, wenn er nicht frei aus sich selbst heraus, sondern fremdgesteuert handelt.

Traditionelle, patriarchische Erziehungsmodelle dienen vor allem dem Fortbestand der gesellschaftlichen Strukturen, so, wie sie gerade sind.

Damit sich die Menschen die Regeln ihres Umfeldes aneignen und sich ihnen anpassen, wird bei den traditionellen Erziehungsmodellen „gutes", also wünschenswertes Verhalten, belohnt, und „negatives", also nicht-wünschenswertes Verhalten, bestraft. Dieses Konzept ist in der Psychologie unter positiver beziehungsweise negativer Verstärkung bekannt. Was die Menschen dabei auch lernen, ist, dass sie sich nicht auf ihre Intuition, auf ihr Gefühl verlassen können oder dürfen, und dass es dem Anschein nach eine äußere Instanz gibt, welche alles besser weiß und gleichzeitig immer recht hat.

Da kleine Kinder anfangs scheinbar sehr oft im Unrecht sind, schlussfolgern die meisten, dass sie so, wie sie von Natur aus sind, schlecht beziehungsweise falsch sind. In der Region des Gehirns, welche für Emotionen zuständig ist, werden dadurch Botenstoffe ausgelöst, welche die äußeren Belohnungs- beziehungsweise Bestrafungsmuster unterstützen und spiegeln. Je öfter diese Muster aktiviert werden, desto schneller entwickeln sich stabile Verhaltensweisen. Der junge Mensch lernt, was sich gehört, und passt sich an die Gesellschaft an, welche ihn und sein Umfeld umgibt. Er wird so zu einem gut funktionierenden Pflichterfüller erzogen.

Diese Erziehungsmodelle waren besonders sinnvoll in Zeiten des Krieges und in Zeiten der Industrialisierung, als Menschen für ihre Rolle im System maßgeschneidert vorbereitet und geformt wurden. Auch hier deutet sich an, dass der Mensch in einem solchen System nicht wirklich er selbst ist und (nur) die Rolle erfüllt, für die er vorbereitet wurde.

Dass diese Erziehungsmodelle heutzutage nicht mehr zeitgemäß sind, zeigt sich einerseits dadurch, dass sie jeweils für den Fortbestand des aktuellen Zustands stehen und sich somit sehr schwer mit Veränderungen tun. Und andererseits durch ein diskriminierendes Rollenverständnis, in dem Frauen bewusst klein gehalten werden, um die Rolle des „Heimchens am Herd" zu erfüllen. Dabei geht es den Männern meines Erachtens nicht viel besser, da auch sie klein gehalten werden, um ihre Rolle im System zu erfüllen. In patriarchischen Modellen gelten Männer wertvoller als Frauen.

Dies wird heutzutage, Gott sei Dank, an den meisten Orten dieser Welt in Frage und richtiggestellt.

Wenn wir uns von einem traditionellen, patriarchischen Erziehungsmodell lösen und andere nicht mehr so erziehen wollen, dass wir sie dabei zum Objekt unserer Vorstellungen und Erwartungen machen, stellen sich die Fragen, wie Lernen natürlich in uns angelegt ist und wie gegebenenfalls eine „artgerechte" Erziehung aussieht.

Auf diese Fragen gibt die moderne Hirnforschung mittlerweile konkrete Antworten. So bekräftigen zum Beispiel führende Hirnforscher wie Prof. Dr. Manfred Spitzer und Prof. Dr. Gerald Hüther, dass wir Menschen mit einer unerschöpflichen Neugierde und Lernlust auf die Welt kommen.

Mit Begeisterung begegnen wir allem Neuen und bleiben unbeirrt am Ball, bis wir das gelernt haben, was wir können wollen: Laufen, Sprechen, Sport, Musik ... Auch hier wird im Gehirn das Zentrum für Emotionen aktiv. Zusätzlich zu den Botenstoffen, welche wir bereits aus dem Belohnungs- und Bestrafungssystem kennen, werden Botenstoffe ausgesendet, welche die Nervenzellen dazu anregen, sich stark zu vermehren und auf vielfältige Weise zu vernetzen. So entstehen äußerst stabile Verknüpfungen im Gehirn. Das Lernen fällt leicht und die Begeisterung am Neuen wird so unter anderem aufrechterhalten.

Soweit wir heute wissen, ist der „Erziehungskreislauf" ein Gegenspieler zu diesem natürlichen, intrinsischen „Begeisterungskreislauf".

Je mehr wir also auf Belohnung und Bestrafung verzichten, desto stärker wirkt der natürliche Begeisterungskreislauf. Die Erklärung dafür ist, dass Strukturen, welche im Gehirn oft benutzt werden, sich stabilisieren und stärker werden, wobei die anderen sich nach und nach zurückbilden. „Use it or lose it" heißt die Devise. (Benutze es oder verliere es).

Die gute Nachricht ist, dass das Gehirn sich bis ins hohe Alter verändern kann, was Neuroplastizität genannt wird, und dass somit auch Begeisterung immer wieder aufgebaut und neu gelernt werden kann.

Des Weiteren wissen wir heute aus der Neurobiologie, dass wir vor allem durch Nachahmung lernen. Sogenannte Spiegelneurone werden aktiv und veranlassen unseren Organismus das zu spiegeln, was wir wahrnehmen. So konnte beispielsweise nachgewiesen werden, dass im Gehirn bereits Bewegungsmuster durch Spiegelneuronen angelegt werden, bevor das Kleinkind die Bewegung reell ausgeführt hat. Die späteren Bewegungen stabilisieren dann die neuronalen Muster, welche im Vorfeld aufgebaut wurden. Hier sprechen die Neurowissenschaftler davon, dass das Hirn sich nutzungs- und erfahrungsabhängig formt, was soviel bedeutet wie: Das Gehirn baut das auf, was wir brauchen.

In diesem Zusammenhang spricht Prof. Dr. Gerald Hüther davon, dass jedes menschliche Wesen hochbegabt ist, da das Gehirn zu Beginn einen gewaltigen Überschuss an Möglichkeiten beziehungsweise Potenzial zur Verfügung stellt, das sich dann je nach Nutzung formt oder zurückbildet.

Wie lernen wir dann die Regeln unserer Gesellschaft, wenn sie uns nicht durch Erziehung aufgezwungen werden? Neurobiologisch ist die Antwort ganz einfach, nämlich durch Spiegelneurone. Dies hat dann natürlich zur Folge, dass wir unser eigenes Verhalten genauso vorleben dürfen, wie wir es uns wünschen, dass andere Menschen uns und unser Verhalten spiegeln, sprich nachahmen.

Dies entspricht dem philosophischen **Leitgedanken**:
Behandle jeden so, wie du selbst gerne behandelt werden möchtest.

Der Vorteil ist, dass es sich hier um den natürlichen Begeisterungskreislauf des Lernens handelt, der zum einen stabilere Muster entwickelt und sich zum anderen selbstgesteuert, ohne äußere Kräfte, aufbaut.

Erziehungskreislauf	Begeisterungskreislauf
FREMD-	SELBST-

Konzept

Bestimmung

Wirksamkeit

Steuerung

Bewusstsein

Liebe

Achtung

Vertrauen

Verantwortung

Durch eine liebevolle Beziehung mit und zu mir, lerne ich auf meine innere Stimmen zu hören und die Stimmen im Außen zu dimmen, was zu einem selbstbestimmten Selbstbild führt. Ich lerne, meiner inneren Stimme zu folgen und werde immer mehr von dem tun, was zu meinem Selbstkonzept führt. Ich bestimme mich mehr und mehr selbst, anstatt in die Fremdbestimmung zu gehen. Ich erfahre Selbst- statt Fremdwirksamkeit unter anderem durch Selbst- statt Fremd- steuerung. Dies steigert mein Selbstbewusstsein und mindert mein Fremdbewusstsein. Ich praktiziere Selbstliebe und folge meiner Be- stimmung, statt Fremdliebe zu praktizieren. Dies führt vermehrt zu Selbstachtung, was das Selbstvertrauen steigert und mein blindes Fremdvertrauen mindert. Somit übernehme ich Selbstverantwortung und bin kein Werkzeug anderer. Diese Selbstliebe, Selbstachtung und Selbstverantwortung stärken die liebevolle Beziehung zu mir selbst und der Kreislauf beginnt von vorne.

Dies alles erinnert mich stark an die Metapher mit den zwei Wölfen, welche dir vielleicht schon einmal begegnet ist:

Am Lagefeuer sitzt der Stammesälteste mit seinen zwei Enkeln und erzählt ihnen die Geschichte der zwei Wölfe:

„In jedem von uns kämpfen zwei Wölfe.

Ein Wolf, der für die Liebe, das Schöne, das Gute, das Wahre und das Vertrauen in der Welt steht, und ein anderer Wolf, der für Misstrauen, Neid, Gier und Hass steht.

Während der eine Wolf Liebe und Vertrauen verbreitet, verbreitet der andere Angst und Misstrauen."

Am Ende der Geschichte fragen die beiden Enkel, welcher der beiden Wölfe gewinnt und der Stammesälteste antwortet ihnen: „Der Wolf, den du fütterst."

Wenn wir heute davon ausgehen dürfen, dass Lernen natürlich in uns angelegt ist (Begeisterungskreislauf) und dass wir soziale Wesen sind (Spiegelneurone), ist **meine Einladung** in diesem Buch an dich, all das, was du bisher über Erziehung und Beziehung zu wissen geglaubt hast, noch einmal für dich zu prüfen und ganz bewusst zu wählen, welchen der beiden Kreisläufe du „füttern" möchtest.

Wissend, dass, wenn wir die Welt verändern möchten, wir uns „nur" selbst verändern können, lade ich dich ein, dich im Inspirationsteil (Kapitel 2 auf Seite 75 ff.) neu zu denken und im Übungsteil (Kapitel 3 auf Seite 121 ff.) neu zu erfahren. Beides natürlich nur, wenn du magst.

Auf den folgenden Seiten beleuchte ich die Themen Erziehung und Beziehung aus unterschiedlichen Perspektiven. Dabei zeige ich, wie in meinen Augen lebendige Beziehungen entstehen, welche alle Beteiligten dieser Beziehung stärken.

4 ERZIEHUNG AUS ENTWICKLUNGS-GESCHICHTLICHER PERSPEKTIVE

Was wir traditionellen patriarchischen Erziehungsmodellen verdanken dürfen:

Aus entwicklungsgeschichtlicher[1] Perspektive hat Erziehung einen großen Einfluss auf unsere Spezies und unser Zusammenleben bewirkt. Nachdem wir Menschen uns zunächst als Nomaden aufmachten, um uns dann später in Stämmen zusammenzuschließen, kam das Zeitalter der Regeln gerade recht, um die nächste Stufe der Entwicklung auszurufen. Regeln und Gesetze gaben die Basis erster demokratischer Strukturen. Hier finden auch die ersten monotheistischen Weltreligionen ihren Beginn. Eine klare hierarchische Struktur mit einem allmächtigen Herrscher an der Spitze ergibt sich aus dieser Entwicklungsstufe. Die Geburt der Erziehungskultur und erster Schulen sind die Folgen dieser Entwicklungsstufe. Große Länderzusammenschlüsse wie die Vereinigten Staaten, die EU und die Vereinten Nationen, waren die Antwort auf zahlreiche Konflikte, sodass wir Gesetzen und traditioneller Erziehung unter anderem friedlichere Zeiten verdanken.

---

[1] Ich beziehe mich hier auf Spiral Dynamics von Don Edward Beck und Christopher C. Cowan.

In diese Entwicklungsstufe hinein entwickelte sich die Sehnsucht nach maximalem Erfolg, welche mit der Industrialisierung begann und bis heute vielerorts noch kein Ende kennt. Dies tut unserem Heimatplaneten, der Erde, nicht gut. So kommt es beispielsweise, dass wir im Namen des Erfolgs mittlerweile jährlich fast doppelt so viele natürliche Ressourcen verbrauchen, wie die Erde in einem Jahr regenerieren kann. Viele Krankheiten, wie beispielsweise Burnout und verschiedene Krebsarten, haben uns Menschen besucht, da wir diese Ressourcenausbeutung nicht nur nach außen leben, sondern auch nach innen. Eine Mischung aus Angst vor Strafe beziehungsweise von der Gesellschaft als „schwach" angesehen zu werden und Konsumgier, treibt uns Menschen an, weit über unsere natürlichen Grenzen hinauszugehen. Unser Körper produziert dann möglicherweise eine Krankheit, damit er endlich die Ruhe bekommt, die er verdient und zur Regeneration braucht.

In dieser Zeit des maximalen Erfolgs ohne Bewusstsein für etwaige Folgen schießt die traditionelle Erziehung, in meinen Augen, weit über ihr Ziel hinaus und wirkt vor allem unreflektiert in ihrem Schattendasein.

Die darauffolgende Entwicklungsstufe bereitete meines Erachtens auch die nächste Stufe der Erziehung vor, welche ich „Erziehung 4.0" nenne (siehe Seite 37 ff.).

Mit der Entwicklung des „Selbstkonzeptes", mit Fragen wie:

„Wer bin ich?",

„Was will ich?" und

„Warum bin ich hier?" rückt der Beziehungsaspekt, hier in erster Linie noch zu uns selbst, in den Mittelpunkt. Genau diese Beziehung zu uns selbst, Selbstbewusstsein, Selbstvertrauen und Selbstliebe, bieten den günstigen Nährboden für die holistischen Entwicklungsebenen der 2. Ordnung. Hier sieht und empfindet der Mensch sich wieder als ein Teil der Natur, welche ihn umgibt, und zwar als gleichwertigen Teil zu allen anderen Wesen, im Gegensatz zu den Entwicklungsebenen der 1. Ordnung, welche egozentrisch beziehungsweise ethnozentrisch Realität erschaffen.

Da Selbstliebe und Egoismus oft miteinander verwechselt werden, möchte ich an dieser Stelle kurz deren Unterschied darstellen, so, wie ich ihn basierend auf dem Hintergrund der Entwicklungsebenen verstehe.

Egoismus ist vor allem auf sich selbst bezogen und beutet sich und andere für maximalen Erfolg und Anerkennung gleichermaßen aus. Selbstliebe sorgt gut für sich selbst, kümmert sich gut um die eigenen Bedürfnisse, um gesund, stark und vital zu sein und sich dann gemeinsam mit anderen den Herausforderungen der Zeit zu stellen.

Ihr **Motto** lautet:

„Zu meinem Wohl und zum Wohle aller."

5 ERZIEHUNG 4.0:
INTEGRALE ERZIEHUNG

Das von mir entwickelte „Erziehungsmodell 4.0" fußt auf dem integralen Ansatz von Ken Wilber und erweitert traditionelle Erziehungsmodelle durch die Ebene der Beziehungen.

Ken Wilber geht von vier Feldern aus, die er Quadranten nennt, und die sich wie folgt voneinander abgrenzen. Vertikal befindet sich das individuelle Feld, abgegrenzt vom kollektiven Feld (Pluralität), und horizontal stehen die beiden Felder: Innen und Außen. So entstehen vier unterschiedliche Perspektiven, eine Situation, ein Phänomen zu betrachten.

	Innen	Außen
Individuell	**ICH** Subjektive Sicht	**ES** Objektive Sicht Messbar, überprüfbar
Kollektiv	**WIR** Gefühl, Beziehung, Verständnis	**SIE** Systemische Sicht Prozesse, Abläufe

Im ersten oberen Quadranten (ICH) entsteht und erscheint meine individuelle Realität so, wie ich sie mir selbst erschaffe. Wenn wir davon ausgehen, dass ungefähr 11.000.000 Informationen pro Sekunde auf unser System (Gehirn) einströmen und wir pro Sekunde gerade mal 40 Informationen bewusst verarbeiten können, wird klar, wie beschränkt diese subjektive Realität ist, welche wir wahrnehmen.

Hier können wir, im wahrsten Sinne des Wortes, die Welt so erschaffen, wie sie uns gefällt. Filter wie beispielsweise Löschung, Verzerrung und Verallgemeinerung, sowie innere Algorithmen wie: Männer sind halt so, ich bin halt ein Pessimist usw. tragen dazu bei, dass wir unsere subjektive Sicht stark nach unseren eigenen Parametern einfärben. Die Welt erscheint uns dann so, wie wir durch unsere Parameter sind und nicht so, wie sie frei von diesen Filtern und Algorithmen ist.

Diese wandelbare Welt subjektiv als Kontinuum zu erschaffen, erfüllt unser menschliches Grundbedürfnis nach Sicherheit. Wenn wir uns dessen bewusst sind, beziehungsweise es uns bewusst vor Augen führen, können wir mit allen anderen Quadranten, und so auch mit dem Kollektiv, in Beziehung treten. Dann ermöglichen wir das Entstehen eines größeren Weltbilds, was nach wie vor nicht die gesamte Realität erfasst, ihr jedoch ein Stück näherkommt als die stark eingeschränkte, individuelle und subjektive Sicht. Je mehr unterschiedliche, individuelle „Blickpunkte" wir vereinen, desto klarer wird unser Bild der Realität.

Im zweiten oberen Quadranten (ES) gibt es eine scheinbar objektive, weil messbare Realität. Ich nenne sie scheinbar objektiv, weil wir sie nur mit den Instrumenten messen können, welche uns aktuell zur Verfügung stehen und welche auf unsere begrenzten Wahrnehmungsmöglichkeiten zugeschnitten sind. Dennoch bietet sie mehr Einsicht als nur die Sicht des ersten Quadranten, da sie sich auf das Außen ausweitet. Viele Wissenschaften finden hier ihren Platz und ganze Universitäten haben ihr Dasein auf die Sichtweise dieses Quadranten aufgebaut. Dabei gilt als wahr, was wissenschaftlich beweisbar ist. Alles andere gilt als wissenschaftlich nicht gesichert und wird gerne abgestritten. So galten beispielsweise manche Spontanheilungen als Wunder, bis unsere Wissenschaften sich so weit entwickelt haben, dass „diese Wunder" wissenschaftlich erklärbar und messbar waren.

Die Erziehung, welche ich und wohl viele in der westlichen Welt erlebt haben, baut auf den Gedanken der Aufklärung auf, welcher sich auf den zweiten Quadranten bezieht und auch beschränkt. Dabei geht man von einem unwissenden, unfertigen menschlichen Wesen aus, welches sich erst durch die Kraft der Aufklärung zu einem vollständigen und aufgeklärten Menschen entwickelt. So übernehmen wir von Generation zu Generation die scheinbar objektiven, überprüfbaren Gesellschaftsregeln und passen uns ihnen an. Dies meistens, ohne sie jemals zeitlebens zu hinterfragen oder zu überprüfen. Was dieses Aufklärungs- und Erziehungskonzept bis heute so erfolgreich macht, ist, dass Entwicklung so deutlich langsamer vonstatten geht und dadurch den Schein erweckt, dass alles unter Kontrolle und sicher ist.

Dieser patriarchalischen Struktur beziehungsweise Kultur ist sehr viel daran gelegen, ihre Vormachtstellung zu halten. Was dieser männlichen Kraft (Macht) dennoch zugutekommt, ist, dass sie für Struktur und Ordnung und so für Sicherheit sorgt. Wenn diese patriarchische Kultur aber alles in ihrer Macht Stehende tut, um die weibliche Kraft (Macht), wie beispielsweise Intuition, pure Lebenslust und -kraft zu unterdrücken, schafft sie Trennung und zieht dort (Schutz-)Mauern hoch, wo eigentlich Brücken der Verbindung nützlich und notwendig wären. So wird das Unbekannte, das Andersartige ganz einfach als absolut falsch dargestellt, was dann die Berechtigung mit sich bringt, dem Unbekannten, dem Falschen mit männlicher, zerstörerischer Wutkraft entgegenzutreten. Viele Glaubenskriege in unserer älteren und jüngeren Geschichte zeugen hiervon.

Daher ist es in meinen Augen höchste Zeit, Hochzeit zu feiern zwischen diesen beiden Urkräften, dem männlichen Logos und dem weiblichen Eros. Die verbindende weibliche Kraft geht in Beziehung und baut dort Brücken, wo im Moment noch Schutzwälle stehen, um das eigene Weltbild aufrechtzuerhalten.

Im Sinne einer wahrhaft aufklärenden und verbindenden Erziehung ist es in meinen Augen wesentlich und unerlässlich, die aktuellen, patriarchischen Erziehungskonzepte, welche auf den beiden oberen rationalen Quadranten beruhen, auf die beiden unteren Quadranten, welche für „in Beziehung treten" stehen, zu erweitern und einen integralen Ansatz zu verfolgen, den ich Erziehung 4.0 oder integrale Erziehung nenne.

Im dritten und linken unteren Quadranten (WIR) geht es um die innere Sicht unserer Beziehungen mit uns und der Welt. In diesem Quadranten wird es uns möglich, unsere Realitätsinsel ganz genau zu erforschen, indem wir in Beziehung treten mit uns und unserem nahen und fernen Umfeld. Zusätzlich zur gedanklichen, inneren Erforschung, kommen jetzt unsere Gefühle zum Ausdruck, wenn wir in Beziehung treten. Durch diese erweiterte Perspektive gelangen wir zu mehr Verständnis und zu einem erweiterten Weltbild über die subjektive und objektive Perspektive hinaus.

Meine ganz persönliche Erfahrung ist, dass ich mich mit Hilfe der beiden oberen Quadranten sehr gut rational erforschen kann und ein gutes Bild über mich und mein Verhalten erhalte. Wenn ich aber in die Umsetzung komme und etwas an mir verändern möchte, darf ich mit mir in Beziehung treten und so meine Sicht und mein Verständnis über mich auf die beiden unteren Quadranten ausweiten.

Im vierten und letzten Quadranten (SIE) können wir von außen objektiv betrachten, in welchen Systemen wir uns bewegen und wirken: Mann-Frau-System, Kleinfamilie, Großfamilie, Dorf, Gemeinschaft, Land, Kontinent, Glaubensgemeinschaft …

Dies kann äußerst aufschlussreich sein und in Verbindung mit den anderen drei Quadranten entsteht ein Gesamtbild, das „Integrale Perspektive" genannt wird.

So können wir ein für uns wesentliches System aufgreifen und integral betrachten, indem wir:

- schauen, wie wir über dieses System denken (erster Quadrant),
- uns fragen, was wir objektiv über dieses System wissen (zweiter Quadrant),
- in uns hineinfühlen und uns dabei fragen, welche Gefühle in uns auftauchen, wenn wir an dieses System denken und wie wir zu diesem System in Beziehung stehen (dritter Quadrant),
- uns fragen, ob dieses System vielleicht noch in Unter- und/oder Obersysteme eingeteilt werden kann (vierter Quadrant).

Wenn Erziehung und Beziehung erfolgreich zusammenwirken

Bevor ich näher auf dieses Thema eingehe, möchte ich aus aktuellem Anlass – heute am 22. August 2020, an dem ich diese Zeilen schreibe, ist Welterschöpfungstag – noch einmal auf die Risiken einer unausgeglichenen, rein auf männliche Werte und Tugenden aufgebauten Erziehung und Kultur aufmerksam machen.

Die Tabelle auf der nächsten Seite zeigt, wie seit 1990 der Welterschöpfungstag immer früher stattfindet – mit dem Wendepunkt 2020, auf den ich weiter unten noch eingehen werde.

Dies bedeutet konkret, dass wir ab heute, dem 22. August 2020, mehr natürliche Ressourcen verbrauchen als nachwachsen können.

Wir leben nicht mehr nachhaltig, sondern nur mehr durch Raubbau und somit auf Kosten unserer Kinder.

2020	22. August
2019	29. Juli
2018	1. August
2015	23. August
2010	21. August
2005	20. Oktober
2000	23. November
1995	21. November
1990	7. Dezember

(Quelle: Global Footprint Network)

Wie es zu diesem Raubbau kommt, ist meines Erachtens eine Konsequenz einer patriarchischen, auf Profitmaximierung zielenden Erziehung. Hier findet Raubbau auch am Menschen statt, indem bereits Kinder sehr früh an den Belohnungs- und Bestrafungskreislauf gewöhnt werden. Ab dem Zeitpunkt glauben sie an ein System von Lohn und Bestrafung und folgen ihm treu, ohne über mögliche weitreichendere Konsequenzen nachzudenken, wie wir der oberen Tabelle entnehmen können. Jeder Mensch, der dieses Phänomen versteht, kann nicht mehr so weiterhandeln wie bisher.

Einige interessante **Erziehungsfragen**, die sich heute in meinen Augen stellen, sind:

Wie können wir die Stärken einer traditionellen Erziehung durch die Aspekte erweitern, welche bis jetzt noch gefehlt haben und uns egoistisch, ICH-bezogen, haben leben lassen?

Wie sieht eine moderne, postpatriarchische Erziehung aus, welche die Kraft der Beziehung(en) integriert?

Meine persönliche Antwort auf diese Fragen lautet:

Eine moderne Erziehung, welche die Stärken einer traditionellen Erziehung erweitert, ist für mich eine integrale Erziehung, die alle vier Quadranten gleichermaßen im Blick hat und darauf achtet, dass alle im Gleichgewicht wirken können. Hier wird der männlichen, Struktur und Klarheit schaffenden Kraft die weibliche Kraft der Verbindung und Intuition an die Seite gestellt. Herz und Verstand werden wieder vereint.

Konkret heißt dies, dass wir sowohl das ICH und somit das Individuum stärken als auch das WIR, das Kollektiv. Ein starkes Ich führt zum starken Wir. Hierfür ist ein Paradigmenwechsel nötig. Damit wir das ICH in erster Linie bedingungslos stärken können, dürfen wir von einem positiven, auf Vertrauen basierenden Menschenbild ausgehen und uns dabei bewusst werden, dass jeder Mensch, der das Licht dieser Welt erblickt, vollkommen ist. Schließlich handelt es sich um ein Geschöpf der Natur, welches sich aus 13,7 Milliarden Jahren Evolution entwickelt hat. Jeder Mensch bringt somit seine einzigartigen Talente und Gaben mit, und unsere einzige Erziehungsaufgabe ist es, dieses Geschöpf sich frei entfalten zu lassen und nur in den Situationen einzugreifen, in denen ihm Lebensgefahr droht und es dies noch nicht einschätzen kann. Ich kann mir vorstellen, dass dieser neue Gedanke für manche Leserinnen verrückt klingen mag und das ist er auch, da er die Realität, wie wir sie bisher wahrgenommen haben, ein Stück weit ver-rückt.

Um diese kühne These zu untermauern, berichte ich von einem Experiment, bei dem sich Wissenschaftler mehrerer renommierter Universitäten im Jahr 2011 zusammengeschlossen haben, um zu untersuchen, wie es sich auf das Spielverhalten von Kindern auswirkt, wenn Erwachsene eingreifen. Dabei sollten sich zwei Gruppen von Kindern im Vorschulalter mit einem Spielzeug beschäftigen. Es bestand aus mehreren Teilen und hatte verschiedene Funktionen. Ein Element konnte hupen, eins konnte aufleuchten, eins machte Musik und eins hatte einen versteckten Spiegel. In der einen Gruppe griff ein Erwachsener in das Spiel ein und zeigte den Kindern jeweils, wie die Hupe funktionierte. Die andere Gruppe der Kinder wurde mit dem Spielzeug allein gelassen. Anschließend wurden beide Gruppen verglichen, wobei die Kinder der ersten Gruppe ausschließlich mit der Hupe spielten und immer wieder wiederholten, was der Erwachsene ihnen gezeigt hatte. Die Kinder der zweiten Gruppe, du ahnst es bestimmt schon, entdeckten alle Funktionen des Spielzeugs von allein und nutzten jede einzelne davon.

Dieses Experiment[1] zeigt, dass wir den Wandel von Misstrauen zu Zutrauen wagen dürfen, und anstatt unseren Kindern zu zeigen, wie die Welt funktioniert, dürfen wir ihnen vielfältige Möglichkeiten bieten, dies selbst herauszufinden. Wenn wir sie dabei auch noch auf liebevolle Weise ermutigen und unterstützen, bauen wir eine vertrauensvolle Beziehung zu ihnen auf und stärken sie.

Dass es möglich ist, anders zu handeln, hat uns „Corona" gezeigt. Ein positiver Aspekt dieser Pandemie war, dass der Welterschöpfungstag erstmals in den letzten 30 Jahren wieder später stattfand.

So lautet **meine Einladung** an dich und mich, liebe Leserin: Lasst uns Ermutigerinnen und Befähigerinnen sein.

---

[1] Quelle: Fokus online (19/07/19) Hirnforscher (Gerald Hüther) erklärt: Eltern stehlen Kindern die wichtigste Erfahrung ihrer Kindheit

6 WAS ENTSTEHEN KANN, WENN ERZIEHUNG MIT BEZIEHUNG GEPAART WIRD

Wie im vorherigen Abschnitt zum Thema „Erziehung 4.0" erläutert, wurden Erziehungsmodelle bis hierher größtenteils streng patriarchisch ausgelebt. Das vorrangige Ziel war dabei, den eigenen Willen des Menschen, seine Einzigartigkeit, zu brechen und ihn hörig zu machen. Sämtliche auf Hierarchie aufgebaute Systeme profitieren hiervon. Viele dieser Systeme glauben nach wie vor an ihre gute Absicht und haben, unbewusst oder bewusst, vor dem Angst, was sich entwickeln würde, wenn die hierarchische Struktur wegfiele.

Eine totale Abkehr von Erziehung und Ordnung, wie beispielsweise bei der antiautoritären Erziehung, die vor allem wusste, was sie nicht wollte, aber noch keine klare Vision und Idee davon hatte, wohin sie führen konnte, hat im Endeffekt nicht wirklich überzeugen können. Dennoch war und ist sie Vorreiter und Vordenker für neuere Konzepte, welche die erzieherische Gewalt nicht nur infrage stellen, sondern auch ersetzen.

Erziehung 4.0 ist ein solcher Ansatz, der den (weiblichen) Beziehungsaspekt, dem nützlichen und notwendigen Aspekten einer patriarchischen (männlichen) Erziehung zur Seite stellt. Wenn männliche und weibliche Kräfte, wie Yin und Yang, gleichermaßen zusammenwirken, entsteht ein verbindendes Ganzes und somit ein integrales Erziehungsmodell.

Wie bauen wir eine gesunde, vertrauensvolle Beziehungsebene auf?

Aus meiner Erfahrung als Pädagoge, Schulentwickler und Vater von drei Kindern ist es zunächst einmal wichtig, eine gesunde und vertrauensvolle Beziehung zu mir selbst aufzubauen, um herauszufinden, wer ich wirklich bin und was ich hier will.

Wer bin ich?

In was für einer Welt möchte ich leben?

Was sind meine Gaben?

Wie bringe ich meine Gaben in die Welt?

Wie diene ich zu meinem Wohl und zum Wohle aller?

Diese Fragen beschäftigen sich mit zwei Aspekten der Beziehung zu uns selbst. Der erste sucht nach Verständnis für unsere Reaktionsmuster und Programmierungen, mit denen wir unser Leben gestalten und der andere beleuchtet unsere Bedürfnisse und Sehnsucht. Um eine stabile Beziehung aufzubauen und zu nähren, braucht es demnach ein Verstehen über die eigene Art und Weise, zu sein, und über die Bedürfnisse, welche uns antreiben.

Bei der Erforschung, wer wir wirklich sind, hilft uns der erste Quadrant aus Ken Wilbers integralem Ansatz, der die innere, subjektive Sicht beleuchtet. In diesem Quadranten werden wir zum Beispiel dazu eingeladen, uns Zeiträume der Stille und des Nachsinnens zu gönnen, sodass es uns möglich wird, die Frage des „Wer bin ich?" in der Tiefe zu erforschen. Dabei werden uns manchmal Absolutheitsansprüche und Glaubenssätze bewusst, welche wir bisher ohne Überprüfung übernommen haben und die so im Unterbewusstsein wirken konnten (blinder Fleck, unbewusste Inkompetenz/Kompetenz). Wenn wir diesen jetzt bewusst Raum geben, sie also an die Oberfläche des Bewusstseins bringen, können wir sie einer bewussten Überprüfung unterziehen und entscheiden, ob wir sie beibehalten wollen, weil sie uns als dienlich erscheinen, oder ersetzen, da wir sie für hinderlich halten.

Sogenannte Absolutheitsansprüche verstecken sich gerne hinter „man soll nicht"- oder „man muss"-Sätzen und allgemeinen „Weisheiten" wie „Schuster, bleib bei deinen Leisten". Hier können wir uns den zweiten Quadranten zunutze machen und objektiv erforschen, wie diese Absolutheitsansprüche und allgemeine „Weisheiten" auf uns wirken. Dehnen sie uns und ermöglichen uns, unser Potenzial weiter zu entfalten, oder engen sie uns eher ein und lassen uns in einer Komfortzone der „scheinbaren" Sicherheit verweilen?

Sobald es uns gelingt, in eine innere Haltung der offenen Erforschung unseres Denkens, Fühlens und Handelns zu kommen, treten wir in Beziehung mit uns selbst. Wir lernen unsere Art, das Leben zu betrachten, auf Ereignisse zu reagieren und unsere dahinterstehenden Bedürfnisse kennen, mit all unserem Licht und all unserem Schatten. Auf diese Weise haben wir die Möglichkeit, unsere Einzigartigkeit mit allen Ecken und Kanten zu erkennen, in Frieden damit zu kommen und zu feiern. Wenn wir nicht mehr gegen unsere scheinbaren Macken ankämpfen „müssen", entsteht nicht nur Frieden in uns, sondern wir gewinnen auch zweifach Lebensenergie zurück: einmal die Energie, welche wir vorher unterdrückt haben, und einmal die Energie, welche wir aufgebracht haben, um unser geglaubtes „Defizit" zu verstecken. Zusätzlich wandelt sich unsere vermeintliche Schwäche auf magische Weise zu unserer größten Stärke.

In dem Sinne **meine herzliche Einladung** an dich, liebe Leserin, und auch an mich, sich dieser Innenschau hinzugeben. Aus meiner Erfahrung und heutigen Sicht lohnt es sich vollkommen, auch wenn es manchmal befremdlich und unbequem ist. Ich habe beispielsweise lange Zeit geglaubt, meine Introvertiertheit sei ein Zeichen von Schwäche und Langeweile, bis ich ein offenes Ohr dafür fand, dass viele Menschen sehr gerne in meiner Nähe sind wegen der Ruhe und Tiefe, welche ich ausstrahle. Erst als ich mich (wieder) selbst mit mir verband, indem ich zu verstehen begann, wie ich ticke und Verständnis und Vergebung für mich aufbrachte, war ich bereit, mich auch der zweiten Frage, nämlich was ich hier bewirken will, zu widmen. Erst dann war mein System, mein inneres verletztes Kind, wieder bereit, mit mir zu kommunizieren und mir meine Bedürfnisse zu präsentieren. Es brauchte zuerst diese vertrauensvolle Verbindung, den Anfang einer Beziehung, um mich zu öffnen.

So ist es auch im Außen: So viele von uns sind in ihrer Kindheit verletzt worden. Immer dann, wenn ihre Bedürfnisse und Würde auf Abwehr und Bestrafung stießen. Und vielleicht hat so manch einer wie ich einfach „zugemacht", eine hohe Schutzmauer um sich herum errichtet und beschlossen, sich nie wieder verletzen zu lassen. So ging ich innerlich ins Exil und habe mich nur noch oberflächlichen Beziehungen hingegeben, immer nur so tief, wie es mir möglich war, die Kontrolle zu behalten, um eine eventuelle Verletzung zu vermeiden. Ich hatte die Beziehung und die Liebe zu mir selbst verloren und wurde so zum Bettler nach Liebe und Aufmerksamkeit im Außen. Ich entwickelte unbewusst ein Helfersyndrom, um im Gegenzug Anerkennung und Liebe für meine Dienste zu erhalten. Gleichzeitig erfüllte ich mir auch noch den Glaubenssatz: „Undank ist der Welten Lohn" und suhlte mich unbewusst in meinem (Opfer-)Schmerz.

Genau wie diese Beziehung im Innern, die Selbstliebe, bei achtsamer und geduldiger Pflege aufblüht und erstrahlt, so wachsen und erstrahlen auch Beziehungen im Außen wie zarte Pflänzchen, denen Aufmerksamkeit und Liebe geschenkt wird. Vertrauen ist auch hier der Schlüssel und wird nach und nach so stark, dass Offenheit und Ehrlichkeit geschätzt werden, statt sich davor zu schützen. In dieser Offenheit und Ehrlichkeit ist es allen Beteiligten möglich, einfach sie selbst zu sein, ohne gesellschaftlich anerzogene Rolle oder Maske.

Jeder Mensch fühlt sich dann sicher genug, vollkommen ehrlich mitzuteilen, wer er gerade wirklich ist und was er braucht, um sich wohlzufühlen und sich vollkommen einzubringen. Das Wundervolle ist: Wenn wir alle(s) voneinander wissen und dieses Wissen nun verbindend nutzen, um ein neues, gemeinsames Miteinander zu erschaffen, können wir wahrhaftig Unmögliches möglich machen. Alle Kräfte, welche bis dato vielleicht noch in Konkurrenz, Gegeneinander und Versteckspielen gebündelt waren, werden plötzlich frei für ein gemeinsames Anliegen.

Um noch einmal auf den Welterschöpfungstag zurückzukommen: Es braucht solche gemeinsamen Anliegen und Menschen, die dazu bereit sind, ihre Stärken in einem höheren Anliegen zu bündeln, damit wir uns den komplexen Herausforderungen stellen, die sich uns offenbaren.

Gefühle und Beziehungen: Gefühlsbeziehungen

Wir sind soziale Gefühlswesen und kommen mit einer Reihe biologischer Programmierungen (Hunger, Durst, Kampf- und Fluchtmodus …) und Gefühlskräften auf die Welt. Diese Gefühlskräfte entwickeln sich nach und nach ganz natürlich, wenn ihnen keine Erziehung im Wege steht.

Patriarchalische Erziehungsmodelle legen es bewusst oder unbewusst darauf an, die Entwicklung dieser Gefühlskräfte zu hemmen, um einerseits ängstliche Frauen heranzuziehen, welche auf einen Mann angewiesen sind, der für sie sorgt, und andererseits, um gut funktionierende und systemtreue Männer zu erschaffen. So konnten patriarchische Gesellschaften bis jetzt überleben. Auch die Emanzipationsbewegung der letzten 50 Jahre konnte hier nur wenig entgegensetzen, da diese Frauenbewegung es nicht wirklich verstand, für sich und ihre wundervolle weibliche Kraft einzustehen, sondern vielmehr dazu führte, dass viele Frauen in die männliche Kraft eintauchten und das männliche Prinzip lebten, um mit an der Macht zu wirken. Unbewusst haben sie das Patriarchat damit eher noch verstärkt.

Wie sieht es mit unseren ungeliebten Gefühlen aus, also jenen, die in unserer Profitgesellschaft oft als Schwäche ausgelegt werden?

Auch ich habe mir diese scheinbare „Schwäche" lange unbewusst zugeschrieben und es dauerte eine Zeit, bis ich die Stärken erkennen durfte. Um diesen Bewusstseinswandel zu erläutern, möchte ich auf den Gefühlskompass von Vivian Dittmar eingehen, der mir dabei eine sehr große Hilfe war – vor allem beim Verstehen und Unterscheiden von Gefühlskräften und Gefühlen als Schattenausdruck.

Sie spricht von fünf Gefühlen, die entweder in ihrem Kraftausdruck zum Vorschein kommen oder in ihrem Schattenausdruck. Vier davon richten sich nach außen (Wut, Trauer, Angst und Freude) und eines nach innen, die Scham. Bis auf das Gefühl der Freude erfreuen sich die anderen vier nicht sonderlicher Beliebtheit, was dazu führt, dass sie meistens unterdrückt werden und nicht mehr in ihrer Kraft zum Ausdruck kommen, sondern in ihrem Schattenausdruck.

Anhand eines **Beispiels** möchte ich den Kraft- und Schattenausdruck von Wut veranschaulichen:

Wenn ich mich in einem Gespräch von jemandem angegriffen fühle, hilft mir die Wut, in ihrem Kraftausdruck Klarheit darüber zu gewinnen, welches meiner Bedürfnisse beziehungsweise welcher meiner Werte gerade verletzt wurde. Die Wut stellt mir dann genau so viel Kraft zur Verfügung, wie es braucht, um für mich, mein Bedürfnis und meinen Wert einzutreten. So wird aus Wut Mut, dieses Bedürfnis, diesen Wert zu kommunizieren.

Im Schattenausdruck der Wut trete ich nicht mit meinem Bedürfnis, meinem Wert in Kontakt, sondern verstecke mich hinter einem Absolutheitsanspruch wie „So etwas macht man nicht" und gehe in die zerstörerische Kraft der Wut. Ich verurteile den anderen und vermeide es so, mich meiner Verletzlichkeit zu stellen und mich mit ihr zu zeigen. Ich trenne mich im Innern von mir und meiner Verletzlichkeit und projiziere diese nun mit der Verurteilung des anderen nach außen. Dieser zerstörerische Schattenausdruck der Wut gibt ihr ihren „schlechten" Ruf.

In der folgenden Tabelle führe ich die fünf Gefühle in ihrem Kraft-
und Schattendasein auf.

Gefühl	Interpretation	Kraft	Fragt nach ...	Schatten
Wut	Das ist falsch.	Klarheit/ Veränderung	Was will ich?	Zerstörung
Trauer	Das ist schade.	Annahme	Was würde ich mir wünschen?	Passivität
Angst	Das ist fürchterlich.	Kreativität	Was ist meine Sehnsucht?	Lähmung
Freude	Das ist richtig.	Wertschätzung	Was möchte ich feiern?	Illusion
Scham	Ich bin falsch.	Selbstreflektion	Was für ein Mensch möchte ich sein?	Selbstzerfleischung

**Gefühle sind der Schlüssel zu liebevollen und lebendigen
Beziehungen**

Ein Bild, das mir sehr gut gefallen hat und mich auf die Erforschung
der Gefühle neugierig gemacht hat, war, dass Gefühle als Kraft wie
eine Brücke fungieren. Sie bauen die Brücke vom Ist-Zustand zum
gewünschten Soll-Zustand. Sie erschaffen die Kraft der Bedürfniser-
füllung.

Um dies zu verdeutlichen, darf ich zuerst noch einmal etwas tiefer
einsteigen. Ein Gefühl ist nicht, wie wir oft zu erfahren glauben, die
direkte Reaktion auf eine Situation. Ein Gefühl ist eine Kraft, die von
uns mehr oder weniger bewusst ins Leben gerufen wird, indem wir
eine der fünf Interpretationen vornehmen, welche in der oberen Tabelle aufgezählt sind.

Dies möchte ich erneut am Beispiel der **Wut** erläutern, weil dir das bereits geläufig ist: Demnach ist Wut das Gefühl, das entsteht, wenn ich etwas als falsch empfinde. Wenn ich mir bewusst mache, was ich als falsch ansehe, wird mir klar, welches meiner Bedürfnisse erfüllt werden möchte beziehungsweise welcher meiner Werte gerade missachtet wird. Die Kraft der Wut, welche mir zu dieser Klarheit verhilft, ermöglicht es mir, für mich, mein Bedürfnis und meinen Wert einzustehen. Wut wird zu Mut. Wenn ich hingegen unbewusst in die Interpretation falle, dass etwas absolut falsch ist, werde ich mit zerstörerischer Wut gegen dieses absolut Falsche angehen. Das kann sich sowohl im Außen zeigen, als sich auch nur im Innern abspielen. Ich persönlich habe zeitweise ganze Schlachten unbewusst in meinem Innern in Gedanken durchgespielt. In dem Fall führt die Wut nicht zum erwünschten Ergebnis, sondern kreiert Unfrieden im Innen und Außen.

Mit folgender **persönlichen Geschichte,** die ich exemplarisch nutze, möchte ich veranschaulichen, wie die fünf Gefühle wirken können:

Meine Tochter rief mich neulich an und fragte, ob ich sie von der Schule abholen wolle. Als ich dies verneinte, beendete sie das Gespräch wortlos und schrieb mir folgende SMS: „Ich hoffe, du hast es bequem."

Meine Erstreaktion war rasende **Wut** und in meiner Vorstellung habe ich sie „an die Wand geklatscht". Sätze wie: „Das tut man nicht" und „Man hat seine Eltern zu respektieren" schossen mir durch den Kopf. Ich hätte sie am liebsten zurückgerufen und angeschrien. Durch meine achtsame Praxis der Meditation wurde ich mir dieser Erstreaktion bewusst und erkannte gleichzeitig, dass ich diesem emotionalen Funken nicht nachgeben muss. Es muss also nicht zum Feuer, sprich zur Eskalation kommen. Ich fragte mich stattdessen: Was will mir meine Wut zeigen? Was darf ich mir klar machen? Wofür darf ich einstehen? Mir wurde zudem bewusst, dass hier Absolutheitsansprüche auf mich wirkten. Demnach atmete ich einmal tief durch und fragte mich, welches Bedürfnis denn hinter den Absolutheitsansprüchen steht.

Mein Bedürfnis war, in dem Moment als Vater und Mensch gesehen zu werden und nicht „nur" als Dienstleister für die versteckten Bedürfnisse meiner Tochter. Diese starke und irrationale Reaktion zeigt, dass es sich in dieser Situation bei mir um eine emotionale Entladung handelte, ein im Innern aufgestautes Gefühl, was nichts mit der Beziehung zu meiner Tochter oder der beschriebenen Situation zu tun hatte. Das Geschenk hinter solchen Entladungen ist, dass sie es uns ermöglichen, verdrängte und aufgestaute Gefühle wieder ins Fließen zu bringen, wenn wir sie bewusst wahrnehmen.

Gleichzeitig wurde mir bewusst, dass ich müde war und mich nach Ruhe sehnte, ein weiteres Bedürfnis. Wenn ich mir mein Bedürfnis nicht klar mache und auf (m)einen Absolutheitsanspruch beharre, weil Recht haben auch immer ein bisschen guttut, dann eskaliert an dieser Stelle das Gespräch mit meiner Tochter. Die Kraft der Wut aber hilft mir, für mich und meine Bedürfnisse einzustehen und sie mitzuteilen, auf die Gefahr hin, dass mein Gegenüber, in diesem Fall meine Tochter, nicht darauf anspricht, wodurch ich mich verletzlich mache. In dem Fall hilft mir die zweite Kraft, die Kraft der Trauer, um das anzunehmen, was sich nicht verändern lässt. Um das Beispiel mit meiner Tochter abzuschließen: Ich habe sie zurückgerufen und ihr mitgeteilt, dass ich ihren Wunsch, von der Schule abgeholt zu werden, gehört habe und dass es mein Bedürfnis ist, mich etwas auszuruhen. Wir haben dann die verbindende Lösung gefunden, dass ich sie vom Zug abhole, sodass sie nicht auch noch den Bus nehmen musste.

Trauer ist das Gefühl, das entsteht, wenn ich etwas als „schade" interpretiere. Diese Kraft hilft mir, anzunehmen, was ich mit „Wutkraft" nicht verändern kann.

Im vorigen Beispiel kam es zur verbindenden Lösung, indem ich meine Tochter vom Bahnhof abholte. Auf die Frage, ob es ihr gut ginge, hat sie mir erzählt, dass sie schwer zu schleppen hatte und deswegen nicht rechtzeitig am Bahnsteig ankam. Obwohl der Schaffner sie von weitem ankommen sah, winkte er ab und ließ den Zug losfahren. Dies hatte sie wütend gemacht, da sie das Verhalten des Schaffners als falsch interpretiert hatte. Ich bekam ihre Wut dann ab. Als mir das klar wurde, habe ich die Situation uminterpretiert in „Schade, dass der Schaffner sie nicht doch noch hat mitfahren lassen". Mit dieser Trauer waren auch meine Wut und das Bedürfnis verflogen, ihr meine Bedürfnisse mitzuteilen von „gesehen werden" und „den Abend in Ruhe verbringen". Wenn ich etwas absolut schade finde, kann ich diese annehmende Kraft der Trauer nicht entwickeln. Wie bei der Wut fühle ich dann nicht meine Bedürfnisse, sondern kämpfe gegen etwas, was so nicht sein darf.

Ein Beispiel: Anstatt den Tod eines geliebten Menschen zu betrauern, kämpfe ich dagegen an, beispielsweise mit dem Absolutheitsanspruch „So jung darf keiner sterben" oder „Es sind immer die Guten, die einem weggenommen werden, das darf doch nicht sein". In diesem Fall wird aus der Trauer Ohnmacht. Ich kämpfe einen gedanklichen Kampf, den ich nicht gewinnen kann. Irgendwann sinke ich aus Erschöpfung nieder und kann und will nicht mehr. Depression kann entstehen, wenn Trauer als Kraft nicht gelebt wird, wenn ich Trauer nicht bewusst einsetze, um Dinge anzunehmen, die ich nicht verändern kann.

Angst ist die Kraft, die mir hilft, wenn ich etwas weder mit Wutkraft verändern kann noch mit Trauerkraft annehmen will. Dann hilft mir die Kraft der Angst, dem Unbekannten zu begegnen und mich für etwas Neues zu öffnen. Das Nicht-Wissen aktiviert die kreative Kraft und neue, verrückte, verbindende Lösungen können entstehen. Im Schattenausdruck lähmt Angst und macht mich handlungsunfähig. Wenn ich mich dann auf die Frage einlasse, wovor ich mich fürchte und, anstatt auf das von meinem Geist produzierte Horrorszenario einzugehen, der Frage nach meinem Bedürfnis, meiner Sehnsucht lausche, ermögliche ich meinem Geist, kreative Lösungen für mein Bedürfnis zu erschaffen.

Auf das Beispiel mit meiner Tochter bezogen gab es kurz den Moment der Angst, einerseits sie zu verlieren, wenn ich in die Wutkraft gehe und meine Grenzen klar kommuniziere, andererseits die Kontrolle zu verlieren, wenn ich keine Grenzen setze. In dem Moment, in dem ich die Angst wahrnehmen kann und Nicht-Wissen zulasse, bin ich offen für neue Lösungen, in dem Fall, meine Tochter vom Bahnhof abzuholen.

Freude ist wohl das Gefühl, das wir alle am liebsten haben und immer wieder neu fühlen möchten, gerne den ganzen Tag. Freude ist in der Hinsicht auch ein sehr wichtiges Gefühl, da es uns erlaubt, all das wertzuschätzen, was uns guttut, was uns gefällt; schlicht, was wir als richtig empfinden. Freude hat in ihrem Schattendasein die „Kraft", die anderen Gefühle zu verdrängen, indem sie immer vorgibt, dass alles gut ist. Indem ich mir jede Situation schönrede, gebe ich mich der Illusion der Freude hin. Das kostet mich nicht nur meine Integrität und Authentizität, sondern auch das wirkliche, tiefe, lebendige Erleben aller Gefühle. Wenn ich jedoch alle Gefühle in jeder Situation bewusst fühle und gleichzeitig die spirituelle Haltung entwickele, dass alles seinen Sinn ergibt und schlussendlich gut ist, so handelt es sich hier um die Fähigkeit der Freude in Abgrenzung zum Gefühl der Freude. Durch Freude können wir auch unseren Selbstwirksamkeitsmuskel trainieren, indem wir immer wieder bewusst auch noch so kleine Erfolge feiern und wertschätzen, also das Gefühl der Freude bewusst wahrnehmen.

Im Beispiel mit meiner Tochter habe ich mir abends noch einmal bewusst die Situation vor Augen geführt und mich dafür anerkannt, dass ich es in der Situation schaffte, nicht dem ersten zerstörerischen Wutimpuls nachzugehen, sondern eine Lösung fand, welche unserer beider Bedürfnisse gerecht wurde.

Scham, mit der Interpretation „ich bin falsch", ist das einzige nach innen gerichtete Gefühl. Im Schattendasein ist die Scham wie die Wut zerstörerisch, und hier selbstzerstörerisch. So kann es sein, dass wir im Schatten der Scham kein gutes Haar an uns lassen und uns selbst zerfleischen. Depressionen können entstehen und sogar zum

Suizid führen, wenn wir uns als absolut falsch ansehen und die Welt von diesem absolut Falschen befreien wollen. In Wahrheit erlösen wir uns selbst von unserem Selbsthass und unserer Selbstzerfleischung. Wenn ich mich jedoch der Frage öffnen kann, wofür ich mich schäme, dann kann ich den Selbstzerfleischungskreislauf durchbrechen. Was habe ich in meinen Augen falsch gemacht? Ist es wirklich ein Fehler gewesen? Wenn JA, dann kann ich die Kräfte der Wut, der Trauer oder Angst aktivieren, um mit diesem „Fehler" umzugehen. Falls NEIN, kann ich durch die Kraft der Freude zu mir stehen und mich wertschätzen. Scham ist in diesem Sinne eine unglaubliche Kraft, welche unserer Persönlichkeitsentwicklung enorm dient. In dem Fall fällt es mir immer leichter, mich sozusagen zu blamieren. Ich fühle den kurzen Moment der Scham und reflektiere meine Gedanken, meine Gefühle, mein Handeln.

In meinem Beispiel hat mir die Kraft der Scham geholfen, den ersten Wutimpuls zu reflektieren und mir bewusst zu machen, was die Wut von mir will. Da ich den Wutimpuls so unterbrochen hatte, war es mir möglich, eine Lösung im Einklang mit meinen Werten zu finden; also eine Lösung, die den Bedürfnissen aller Beteiligten Rechnung trägt.

Absolutheitsansprüche: Die meisten von uns sind mehr oder weniger in der Gegenwart von Absolutheitsansprüchen groß geworden und wir haben sie von unseren Eltern und Erzieherinnen übernommen, so wie sie von ihren Eltern und ihren Erzieherinnen.

Absolutheitsansprüche geben auf der einen Seite scheinbare Sicherheit, denn sie geben vor, absolut wahr zu sein, also immer wahr. Auf der anderen Seite erlauben sie uns, unsere Wünsche unter dem Absolutheitsanspruch auszudrücken, um uns und unsere Bedürfnisse nicht offen zu zeigen. Auch dies gibt uns eine gewisse Sicherheit, da wir uns vor möglicher Verletzung schützen. Ein Absolutheitsanspruch nimmt mich also aus der Selbstverantwortung, für mein Bedürfnis einzustehen. Der Preis, den ich dafür zahlen darf, ist Ohnmacht.

Anstatt die Gefühlskräfte für meine Bedürfnisse bewusst einzusetzen, verstecke ich mich hinter einem Absolutheitsanspruch und gebe meine Möglichkeiten an Außenstehende ab. Typische Ohnmachtssätze sind beispielsweise: „Wenn die Politiker endlich ..., dann ...", „Wenn mein Chef ..., dann ...", „Wenn meine Frau/mein Mann ..., dann ...".

Was Absolutheitsansprüche so verlockend macht, ist, dass ich mich mit ihnen immer im Recht wähnen darf, denn sie geben ja vor, absolut richtig und wahr zu sein.

So fühle ich mich kurzfristig gut, weil ich mich im Recht glaube. Langfristig gebe ich, wie oben beschrieben, meine Macht und damit auch meinen Frieden ab, da ich mich von anderen abhängig mache. In dem Zusammenhang fragt Chuck Spezzano so schön: „Willst du recht haben oder glücklich sein?"

7 RESPEKTVOLLE, ACHTSAME BEZIEHUNGEN AUF AUGENHÖHE

Eine achtsame und respektvolle Beziehung findet auf Augenhöhe statt, wenn es keine unnatürliche Macht- oder Hierarchieordnung gibt. Ich schreibe bewusst unnatürlich, da es in meinen Augen auch natürliche Hierarchien gibt. So sind Kinder und vor allem Neugeborene von ihren Eltern abhängig. In patriarchischen Kulturen wird diese Abhängigkeit, wie in den vorangegangenen Unterkapiteln beschrieben, kultiviert, um Macht auszuüben und den eigenen Willen der Heranwachsenden einzudämmen.

Wenn diese Hierarchie nicht zur Machtausübung benutzt wird und die Eltern bewusst ihre Rolle als Versorger ausüben und so die lebensnotwendigen Bedürfnisse ihrer Kinder erfüllen, besteht eine natürliche Hierarchie, in der die Eltern übergeordnet und die Kinder untergeordnet sind. Die Kinder empfinden und entwickeln Dankbarkeit für die Fürsorge ihrer Eltern. Hier handelt es sich um die natürliche Frequenz der Dankbarkeit, welche eine der stärksten Energien für unser Glücksempfinden ist.

Wenn die Kinder noch im Babyalter sind und nicht selbst für ihre Bedürfnisse eintreten können, ist es klar, dass ihre Eltern dafür die Verantwortung übernehmen und zu diesem Zeitpunkt ihre eigenen Bedürfnisse zeitweise zurückstellen.

Sobald die Kinder lernen, für ihre Bedürfnisse einzustehen, und das lernen sie am besten von Eltern, die für ihre Bedürfnisse einstehen, kann es zu Bedürfniskonflikten kommen. Da, wo früher die Macht der übergeordneten Eltern eingriff, bedarf es nun einer anderen neuen Lösung. Damit es überhaupt zu einer aller Bedürfnisse verbindenden Lösung kommt, dürfen alle Beteiligten erstens gelernt haben, ihre jeweiligen Bedürfnisse wahrzunehmen und zweitens, diese selbstverantwortlich und achtsam zu kommunizieren.

Wenn alle ihre Bedürfnisse ohne Angst vor Konsequenzen (Macht-Hierarchie) frei kommunizieren, wird im Hinblick auf die kommunizierten Bedürfnisse eine verbindende Lösung gefunden, welche alle Beteiligten einbezieht und zufriedenstellt. Eine verbindende Lösung unterscheidet sich vom Kompromiss dadurch, dass sie alle Bedürfnisse miteinbezieht und keinen (faulen) Kompromiss sucht, der im Endeffekt niemanden zufriedenstellt, da nach dem kleinsten gemeinsamen Nenner gesucht wird.

So können manchmal auch ganz verrückte, kreative Lösungen zutage kommen. Um die Tragfähigkeit der Lösungen zu testen, wird mittels systemischem Konsensierens nach der Lösung gesucht, welche den geringsten Widerstand bei allen Beteiligten auslöst, wobei 0 den geringsten Widerstand angibt und 10 den höchsten. Da alle Bedürfnisse miteinbezogen werden, gilt ein Widerstand mit 10 als Veto und diese Lösung entfällt.

Die Erfahrung hat gezeigt, dass Lösungen mit einem Widerstand, der geringer als 30 % ist, am tragfähigsten sind und somit von allen Beteiligten mitgetragen werden. Sollte es vorkommen, dass keine Lösung unter diese 30-Prozent-Marke fällt oder bei jeder Lösung ein Veto (10-Widerstand) stattfindet, kommt es zu einer neuen, kreativen Runde der Lösungsfindung. Hier kann dann zum Beispiel auch auf Hybrid-Lösungen der ersten Runde zurückgegriffen werden, sodass zum Beispiel ein Veto wegfällt oder die Akzeptanz größer wird, weil mehrere Bedürfnisse in der Hybrid-Lösung zufriedengestellt werden.

Ein großer Vorteil achtsamer und respektvoller Beziehungen ist, dass sich alle Beteiligten immer besser kennenlernen und sich so auch immer besser aufeinander einstimmen. Anstelle des Gegeneinanders, wie es oft in den Macht-Hierarchien der Fall ist, kommt es hier immer wieder zum Miteinander und später auch zum Füreinander, was Gefühle der wahren Freude und Wertschätzung auslöst und diese somit Beziehungen immer weiter und nachhaltig stärken.

Meine Einladung an uns als Eltern, Erzieherinnen, Lehrerinnen oder Beziehungspersonen ist es, respektvolle Beziehungen zu uns selbst und mit unseren Schützlingen aufzubauen.

So lernen sie von uns, ihren Vorbildern, wie wir respektvoll miteinander umgehen und ahmen dies natürlich nach (Spiegelneurone). Aus respektvollen Beziehungen entstehen neue respektvolle Begegnungen und Beziehungen.

8 INTEGRALE KOMMUNIKATION UND DAS 4-OHREN- UND 4-MÜNDER-MODELL

Eines der bekanntesten Axiome aus der Kommunikationswissenschaft von Paul Watzlawick lautet: „Man kann nicht nicht kommunizieren." Zwischenmenschliche Kommunikation findet demnach immer statt, verbal oder auch nonverbal durch Mimik, Gestik, Körpersprache, Haltung, Atmung und durch Frequenzen sowie Gefühle, welche immer mitschwingen.

Jede Kommunikation beeinflusst unsere Beziehungen positiv oder negativ, indem sie sie entweder stärkt oder schwächt. Wenn wir uns zu einem integralen Erziehungsmodell entschließen, welches den Beziehungsaspekt integriert, dürfte es unser Anliegen sein, Potenziale zu entfalten und all unsere Beziehungen zu stärken.

An dieser Stelle gehe ich noch einmal kurz auf patriarchische Erziehungsmodelle ein, um die ihnen innewohnende Kommunikationskultur zu beleuchten. Hier wird deutlich, dass in diesen Modellen vor allem eine schwächende Kommunikation zu beobachten ist, die dazu dient, dass die, die an der Macht sind, auch an der Macht bleiben. Die einen geben Befehle, die anderen befolgen sie.

Jede, die ein solches Erziehungssystem erlebt und erfahren hat, wird an ihrer eigenen Art zu kommunizieren bemerken, dass diese eher schwächt als stärkt. Auch hier haben wir den vorgelebten Kommunikationsstil unbewusst übernommen, dank unserer Spiegelneurone.

Ein Beispiel für schwächende Kommunikation ist in meinen Augen unsere aktuelle Nachrichtenkultur. Der Fokus liegt hauptsächlich auf negativen Schlagzeilen, welche oft noch aufgebauscht werden. Dies kreiert Angst und führt dazu, dass wir uns unbewusst machtlos fühlen. Wir suchen dann nach Verantwortlichen, welche doch endlich für das Chaos Verantwortung übernehmen sollen und schimpfen auf unsere Chefs, unsere Politiker und ganz allgemein auf „die da oben", anstatt in die Eigenverantwortung zu gehen und zu schauen, was wir selbst tun können. Dieses Schimpfen auf andere und Lästern über andere ist unbewusst unsere Art, die anderen klein zu machen und uns selbst dabei einen Moment gut und überlegen zu fühlen. Auf lange Sicht schwächt es uns und die anderen, da wir ständig unsere Verantwortung und Macht abgeben. In dem Moment, in dem wir dieses Lästern unterstützen, unterstützen wir unbewusst oder jetzt, nach dem Lesen, vielleicht bewusst schwächende Kommunikationsmuster.

Aus diesem Grund und aus integraler Sicht spreche ich mich für eine offene, achtsame, uns stärkende Kommunikation aus, welche die Beziehung stärkt. Da jeder Mensch von seinen Bedürfnissen geleitet wird, ist es in einer offenen und authentischen Kommunikation wesentlich, die eigenen Bedürfnisse und Wünsche zu kommunizieren. So wird dem Gegenüber überhaupt erst einmal ermöglicht, in Beziehung zu treten, um gegebenenfalls aufrichtig auf die Bedürfnisse und Wünsche zu antworten. In dieser Hinsicht ist das 4-Ohren- und 4-Münder-Modell, in Anlehnung an das Kommunikationsquadrat von Friedemann Schulz von Thun, eine große Hilfe, weil es die verschieden Ebenen einer Beziehung und der Kommunikation abdeckt.

Das Modell besagt, dass wir sowohl mit 4 Ohren hören als auch mit 4 Mündern sprechen, wie die folgende Tabelle veranschaulicht:

Faktenebene (Aussage über die Fakten, wie ich sie wahrnehme)	Bedürfnisebene (Aussage über meine Bedürfnisse)
Beziehungsebene ICH (Selbst-Aussage)	Beziehungsebene DU (Aussage, wie ich über dich denke)

So kann **beispielsweise** der Satz: „Es ist kein Heizöl mehr da" vielfach gedeutet werden.

Wenn ich ihn mit den **4 Mündern** ausdrücke, könnte er sich folgendermaßen anhören:

„Ich habe gerade bemerkt, dass das Heizöl so langsam zur Neige geht. Da ich jetzt auf dem Sprung bin und es vielleicht im Laufe des Tages vergesse, würdest du mich bitte heute Nachmittag daran erinnern, bei unserem Lieferanten anzurufen? Es ist mir wichtig, dass wir genügend Heizöl haben, um alles schön warm zu haben."

Auf der **Faktenebene** steht die Information, dass das Heizöl zur Neige geht.

Auf der **Bedürfnisebene** kommuniziere ich mein Bedürfnis, gerne daran erinnert zu werden, den Lieferanten anzurufen, und dass ich es mag, wenn wir es schön warm haben.

Auf der **Beziehungsebene ICH** sage ich über mich aus, dass es durchaus passieren kann, dass ich vergesse, beim Lieferanten anzurufen, und es mir wichtig ist, gut für uns zu sorgen.

Auf der **Beziehungsebene DU** steht die Aussage über dich, dass ich dir vertraue und dankbar für deine Erinnerung bin.

Die **4 Ohren** kommen vor allem dann zum Tragen, wenn die Kommunikationspartnerin ohne die 4 Münder kommuniziert. Dann habe ich die Möglichkeit, mit den 4 Ohren nachzufragen, um meine Kommunikationspartnerin besser und richtig zu verstehen. Damit dies nicht zu künstlich wirkt, frage ich nur mit dem Ohr nach, das mein Interesse an der Kommunikation geweckt hat.

Im Falle unseres Beispiels: „Es ist kein Heizöl mehr da", könnte das eine der folgenden Fragen sein (siehe Tabelle auf der nächsten Seite):

Faktenebene	Welchen Fakt genau willst du mir mitteilen?	Willst du mir mitteilen, dass der Tank vollkommen leer ist?
Bedürfnisebene	Welchen Wunsch, welches Bedürfnis willst du mir mitteilen?	Willst du mir mitteilen, dass ich mich um Heizöl kümmern soll?
Beziehungsebene ICH	Was willst du mir über dich mitteilen?	Willst du mir mitteilen, dass du momentan zu beschäftigt bist, um dich um das Heizöl zu kümmern?
Beziehungsebene DU	Was willst du mir über mich mitteilen?	Willst du mich daran erinnern, dass es in unserer Beziehung zu meinen Aufgaben gehört, für das Heizöl zu sorgen?

In meinen Augen ist das 4-Ohren- und 4-Münder-Modell ein integrales Kommunikationswerkzeug, da beide Ebenen, die der Ordnung (Inhalt) und die der Beziehung angesprochen werden. Wenn es uns gelingt, neben den nüchternen Fakten auch ansatzweise die Beziehung in unseren Kommunikationen zu pflegen, werden wir mehr Verständnis füreinander entwickeln. Dies ermöglicht uns dann, uns gegenseitig zu stärken und zu unterstützen.

Hinzu kommt, dass dieses Modell uns ermöglicht, uns unserer eigenen Kommunikationsmuster bewusst zu werden. So wurde mir beispielsweise bewusst, dass ich ein „Appell-Ohr" habe und vor allem höre, dass die Kommunikationspartnerin etwas von mir will. Seitdem ich das weiß, frage ich meistens noch einmal nach, ob es sich um eine einfache Information handelt oder um einen Wunsch an mich.

Ich bin vollkommen zuversichtlich und der festen Überzeugung, dass wir alle gewinnen, wenn wir uns aufeinander zubewegen und Brücken des Verständnisses bauen. So wird es uns möglich, uns gegenseitig bei unseren wichtigsten Vorhaben zu unterstützen, indem wir uns unsere Stärken zur Verfügung stellen. Diese co-kreative Kraft wird auch gebraucht, wenn es darum geht, uns den Herausforderungen unserer Zeit und denen der Zukunft zu stellen, um unseren Kindern und Enkelkindern einen heilen Heimatplaneten zu hinterlassen.

Die Möglichkeit, Kommunikation stärkend einzusetzen, liegt mir sehr am Herzen. Viele von uns wurden im Laufe ihres Lebens oft und tief verletzt, wenn auch häufig ungewollt, und wollen jetzt dieses Vertrauen, in Verbindung zu gehen und sich verletzlich zu zeigen, nicht mehr aufbringen. Mein Appell an dieser Stelle ist, dass es sich für uns alle lohnt, denn wir alle sind in unserer Art und Weise einzigartig. Diese Einzigartigkeit ist ein Geschenk. Wenn wir unsere Einzigartigkeit in gemeinsamen Anliegen voll und ganz einbringen, werden wir durch die Vernetzung unserer Gehirne (wie beispielsweise bei den verbindenden Lösungen) bisher Unmögliches möglich machen.

In Zukunft werden wir unsere Lebenszeit und unsere Fähigkeiten nur noch da bewusst und selbstbestimmt einsetzen, wo uns ein wertvolles Anliegen ruft. Bei Anliegen, die nicht unseren Werten und Bedürfnissen entsprechen, werden wir einfach weiterziehen, ohne Groll und ohne Verurteilung, wissend, dass wir die für uns richtigen Menschen finden werden. Die Voraussetzung dafür ist, dass wir offen und ehrlich kommunizieren, was uns wirklich antreibt, und indem wir uns mit anderen verbinden, um uns zu stärken und uns weiterzuentwickeln.

In diesem Zusammenhang lade ich dich und mich dazu ein, offen und offenherzig zu kommunizieren, sodass uns die Menschen finden können, die schon lange auf uns warten. Dann können wir uns mit Begeisterung unserem gemeinsamen Anliegen hingeben und erschaffen zusammen, was in Einzelanstrengung unmöglich gewesen wäre. Dies ist eine absolut erfüllende und stärkende Erfahrung.

Auf in ein System der Potenzialentfaltung, das allen dient und uns gleichzeitig stärkt und erfüllt!

9 SCHLUSSFOLGERUNG

Aus meiner Erfahrung bedienen die klassischen patriarchischen Erziehungsformen vor allem den Belohnungs- und Bestrafungskreislauf, was dazu führt, dass der intrinsische Begeisterungskreislauf nach und nach verkümmert. Dabei lernen wir, eher der Instanz im Außen zu gehorchen, statt uns auf unsere Gefühle, Wünsche und Bedürfnisse zu verlassen. Wir verlieren den Kontakt und die Verbindung zu uns selbst. Nach einer Weile fällt es uns immer schwerer, in echten Kontakt mit uns und anderen zu treten.

Die Gegenbewegung der 60er-Jahre hat uns gezeigt, dass das absolute Gegenteil einer autoritären Erziehung, nämlich eine antiautoritäre Erziehung, nicht unbedingt zu verantwortungsvolleren und verantwortungsbewussteren Menschen geführt hat.

Also stellt sich die Frage:

Wie ermöglichen wir, dass sich verantwortungsvolle, selbstbewusste Menschen entwickeln?

Meine Antwort darauf lautet:

Indem wir Erziehung vor allem auf uns beziehen und in Beziehung mit uns treten. Indem wir uns zu verantwortungsvollen und selbstbewussten Menschen entwickeln, werden wir zu Vorbildern, Möglichkeiten, an denen sich andere Menschen und so auch unsere Kinder ausrichten können. Erziehung durch Beziehung findet bei uns selbst statt und hat allenfalls einen einladenden, ermutigenden und inspirierenden Charakter nach außen.

Menschen, die gut in Kontakt, in Beziehung mit sich selbst sind, kommunizieren offen und klar ihre Absicht, ihre Wünsche und Bedürfnisse. Sie sind ein Magnet für selbstbewusste Menschen und ziehen die Menschen an, welche sich mit ihrem Anliegen verbinden möchten. So entstehen lebendige Beziehungen, die alle Beteiligten in ihrem Anliegen unterstützen, wissend, dass dadurch das kollektive Anliegen unterstützt wird.

Ein starkes ICH führt dann zu einem starken WIR.

In solchen co-kreativen Teams gibt es kein Betteln und keine Einzelanstrengungen, sondern jede bringt ihre Stärken ein für das gemeinsame Anliegen. Jede wird in ihrer Einzigartigkeit geschätzt und ermutigt, was dazu führt, dass jede einzelne sich für das gemeinsame Anliegen über ihre bisherigen eigenen Grenzen hinaus entwickelt. Erfüllung und Glückseligkeit auf allen Ebenen.

So rockt eine lebendige Beziehung zu dir selbst dein Leben!

Damit sind wir am Ende des ersten Teils unserer gemeinsamen Reise angekommen und ich bedanke mich sehr herzlich bei dir für deine Zeit und dein Lesen bis hierhin.

Wenn du magst, kannst du nun zum Inspirationsteil übergehen, meiner Einladung an dich, dich neu zu denken.

Zum Schluss folgt dann der Übungsteil, der dich dazu einlädt, dich ganz neu zu erfahren.

2

Hier teile ich mit dir **12 Inspirationen,** welche meine Sicht der Dinge noch einmal vertiefen, erweitern oder einfach unterstreichen.

Meine Einladung an dich ist, dich jeweils mit einem Gedanken über einen Zeitraum von einem Monat auseinanderzusetzen und zu beobachten, was dieser vielleicht neue und ungewohnte Gedanke in dir auslöst. Einen Monat lang, damit diesem neuen Gedanken ermöglicht wird, fester Bestandteil deines Denkens zu werden, natürlich nur, wenn du magst

INSPIRATION 1

Kinder spiegeln dich!
Die Art, wie du mit deinem Kind kommunizierst,
wird zu seiner inneren Stimme!

Diese Weisheit rüttelt mich immer wieder wach und lässt in mir den tiefen Wunsch entstehen, sehr viel mehr über Kommunikation zu erfahren und noch tiefer zu verstehen. Gleichzeitig wünsche ich mir, all mein bisheriges Wissen zu teilen, damit friedliche, aufbauende Kommunikation, echtes Mitgefühl und lebendige, starke Beziehungen entstehen.

„Kinder spiegeln uns" – diese Aussage leiten wir von einem Begriff aus den Neurowissenschaften ab, den Spiegelneuronen in unserem Gehirn. Sie erlauben uns, dass wir uns in den Menschen gegenüber hineinfühlen und das spiegeln und nachahmen, was wir wahrnehmen. So sind Lachen und Gähnen zum Beispiel höchst ansteckend, wie man in vielen Experimenten nachweisen konnte. Ein Beispiel, bei dem ich persönlich Spiegelneurone am deutlichsten wahrnehme, ist das Schmerzempfinden. Wenn ich bei einem meiner Kinder eine blutende Wunde sehe und mich dann daran erinnere, wie diese früher bei mir desinfiziert worden ist, spüre ich sofort den stechenden Schmerz und empfinde Mitgefühl.

Aus der Hirn- und Lernforschung wissen wir, dass Lernen vor allem durch Nachahmung stattfindet. So lernen Kinder beispielsweise laufen, weil sie in ihrem Umfeld vor allem Menschen wahrnehmen, die auf zwei Beinen gehen. Sie wollen es ihren Vorbildern nachmachen und beginnen, mit ihrem Körper zu experimentieren, bis sie fest auf zwei Beinen stehen und schließlich laufen. Ein interessanter Aspekt, der die Hirnforschung hier herausgestellt hat, ist, dass sich die neuronalen Bahnen im Gehirn, also die Nervenzellen im Gehirn, bereits bilden, bevor das Kleinkind die Bewegung ausführen kann. Die oft wiederholte Bewegung führt dann dazu, dass sich diese neuronalen Muster verstärken und die Bewegung immer stabiler, runder und automatischer vonstattengeht.

Wenn wir uns dieses Wissen zu eigen machen, brauchen wir Kinder nicht mehr zu erziehen, sondern wir dürfen ihnen als gute Vorbilder dienen. In dem Sinne sagte Mahatma Gandhi: „Sei du selbst die Veränderung, die du dir für diese Welt wünschst."

Wenn wir uns nun näher mit dem zweiten Teil der Aussage befassen, lade ich dich ein, einmal auf deine innere Stimme zu lauschen. Wie kommunizierst du mit dir selbst? Wie, wenn es „gut" läuft? Und wie, wenn es nicht so „gut" läuft?

Ich habe die Erfahrung gemacht, dass meine innere Stimme vor allem die Stimme und die Art und Weise der Kommunikation meiner Eltern und meiner Großmutter übernommen hat. Da diese in einem Umfeld von Angst und Verurteilung aufgewachsen sind, hatte ich deren vorwurfsvolle und beschämende Stimme unbewusst übernommen.

Wenn ich mir also für meine Kinder wünsche, dass sie eine liebevolle, aufbauende, verzeihende innere Stimme entwickeln, welche sich auch in der Kommunikation nach außen bemerkbar macht, darf ich ein gutes Vorbild sein, was meine Kommunikation nach außen angeht. Ich darf mir meiner eigenen inneren Kommunikation bewusst werden und diese gegebenenfalls bewusst freundlicher und friedvoller gestalten. So entsteht nach und nach eine liebevolle, verzeihende innere Stimme, welche mich stärkt.

Wie wichtig eine friedfertige, liebevolle innere Stimme ist, zeigen uns die Gesichter der Menschen, wenn wir durch die Straßen unsere Stadt laufen. Die meisten von uns wurden durch Vorbilder geprägt, welche selbst wiederum durch Vorbilder geprägt wurden, die an Erziehung durch Angst mit Zuckerbrot und Peitsche glaubten. All jene haben innere Stimmen, welche sie immer wieder zu Höchstleistungen antreiben, ohne Pausen und ohne direkten Lohn. Die Freude und der Lohn werden nach hinten verschoben, zum Wochenende, zum Urlaub, zur Pension oder Rente. Hinzu kommt, dass diese Stimme der Perfektion nie wirklich zufrieden sein wird; es gibt immer etwas, was noch besser getan werden kann. So betreiben wir Raubbau und sind über unsere Ressourcen hinaus aktiv. Nicht umsonst ist eine der gefährlichsten Krankheiten dieses Jahrhunderts Stress.

Wenn wir also lernen, gut für unsere Bedürfnisse zu sorgen, beispielsweise für unseren Körper mit Ruhe- und Erholungsphasen und gesunder Ernährung, dürfen wir neue innere Stimmen entwickeln, welche liebe- und respektvoll mit uns kommunizieren. Hier darf jede für sich selbst herausfinden, welche innere Stimme ihr gut tut. Wir sind ja alle einzigartig.

Wenn wir es schaffen, unsere inneren Stimmen zu liebevollen und fürsorglichen Stimmen zu verwandeln, werden wir den Weg des Raubbaus, des Gefallen-Wollens verlassen und wieder den Weg der inneren Begeisterung und Freude beschreiten.

Innerer Frieden breitet sich aus, und Vertrauen in uns, in das Leben und unsere Mitmenschen wächst. Lebendige, fried- und vertrauensvolle Beziehungen entstehen, wo wir in gemeinsamen Anliegen unsere Kräfte gemeinsam bündeln und co-kreative Lösungen entwickeln, welche den Herausforderungen unserer Zeit gerecht werden. Wir steigen aus der Hölle angst- und kleinmachender Gedanken aus ins Paradies der ermächtigenden und ermöglichenden Realitätsbeschreibung.

INSPIRATION 2

Kinder nehmen nicht die Worte
von uns Erwachsenen wahr,
sondern unsere Schwingung.

Dies ist ein wesentlicher Aspekt für eine gelingende und stärkende Kommunikation. Wir Menschen sind auf unterschiedlichen Schwingungen und Frequenzen unterwegs. Diese reichen von Schuld, Scham (niedrige Schwingungen) über Langeweile, Neutralität (mittlere Schwingungen) bis hin zu Freude und Frieden (hohe Schwingungen).

Unser Schwingungsgrundton findet sich mehrheitlich auf einer Frequenz, wobei wir durch Erziehung gelernt haben, dass verschiedene Situationen zu verschieden Frequenzen passen beziehungsweise führen.

Ein Beispiel:

„Wenn du etwas falsch gemacht hast, dann schäm dich!" Grundsätzlich ist an dieser Aufforderung nichts auszusetzen, außer, dass es eben eine Aufforderung ist und kein vorbildliches Sein und zweitens wird bei dieser Schamfrequenz eher der Schattenausdruck des Schamgefühls ausgelöst. Wenn wir vorleben, dass wir bei „Fehlern", also Ergebnissen, die wir uns nicht gewünscht haben, einen Moment innehalten, um zu reflektieren, was wir beim nächsten Mal anders machen möchten, ist dies vorbildlich und zeigt die Scham in ihrem Kraftausdruck.

Uns Menschen ist es möglich, auf der „Frequenzleiter" zu „surfen", unabhängig von äußeren Bedingungen und Gegebenheiten. Dies dürfen wir wieder neu lernen. Wir müssen uns nicht schuldig fühlen, wenn wir jemanden ungewollt verletzt haben. Wir dürfen uns aber schämen und nach reiflicher Überlegung um Vergebung bitten und mitteilen, wie wir dieses Missgeschick künftig anders lösen wollen. Wir dürfen gegebenenfalls auch nachfragen, ob und wie wir das Missgeschick wieder gutmachen können.

In diesem Sinn dürfen wir sehr achtsam mit unseren Frequenzen sein und uns bewusst machen, dass Kommunikation nicht nur auf verbaler Ebene stattfindet, sondern auch auf nonverbaler, wobei hier nicht nur Mimik und Gestik gemeint sind, sondern eben auch Frequenzen. Diese Stimmungen nehmen wir sehr subtil wahr. Als Kinder war unser Umgang noch viel offener damit, was wir aber leider verlernt haben, indem wir unauthentische Vorbilder erlebt haben, welche (schlecht) über andere Menschen geredet haben, statt mit ihnen zu kommunizieren. Hier haben wir gelernt, dass Ehrlichkeit, Authentizität und Aufrichtigkeit nicht erwünscht sind. Des Weiteren haben wir als Kinder oft die Erfahrung gemacht, dass die verbale Botschaft nicht mit der non-verbalen Frequenz übereinstimmen muss. Wenn Kommunikation gelingen darf, dürfen wir verbale und non-verbale Kommunikation wieder synchronisieren.

Um auf die oben genannte Inspiration zurückzukommen:

Kinder nehmen sehr wohl die Schwingung hinter der verbalen Botschaft wahr. Wenn wir zum Beispiel ein Kind wertschätzen möchten und es nicht in der Frequenz der Wertschätzung ausdrücken, wird keines unserer noch so schönen Worte das Kind berühren.

Gleichermaßen gilt: Wenn wir im Beisein des Kindes gut über andere Menschen reden in einer Schwingung von Neid und Groll, wird das Kind vor allem die Schwingung aufnehmen und weniger die Worte und so am Vorbild lernen, ambivalent zu kommunizieren.

> *Die Erde ist 4,6 Milliarden Jahre alt.*
> *Wenn wir dies auf 46 Jahre reduzieren, gibt es uns seit*
> *vier Stunden. Unsere industrielle Revolution hat vor*
> *einer Minute begonnen. In diesem Zeitabschnitt*
> *ist es uns gelungen, mehr als 50 % der Wälder*
> *unseres Planeten zu zerstören.*
>
> (Netzfund – Verfasser unbekannt)

Diese Berechnung und diese Perspektive machen mich betroffen und traurig.

Gleichzeitig taucht in mir die Frage auf: Was kann ich tun, damit die Erde weiterhin ein bewohnbarer Lebensraum für uns Menschen bleibt?

Neben vielen kleinen, alltäglichen Handlungen entstand auch die Idee und der Wunsch, dieses Buch zu schreiben, in dem ich dich und mich dazu einlade, alte Erziehungsmuster aufzudecken, welche den Raubbau begünstigen, diese zu überdenken und gegebenenfalls in neue stärkende, liebevolle Beziehungsmuster zu verwandeln, welche uns ermöglichen, uns wieder zu spüren und zu fühlen. Dass wir wiederentdecken und verstehen, ein Teil dieser Natur zu sein, die wir spätestens seit der Industrialisierung im Effizienz- und Effektivitätswahn für den bedingungslosen Erfolg geopfert haben.

Die Metapher im obigen Zitat steht für mich auch für den Raubbau, den wir an uns selbst betreiben, indem wir uns über unsere Grenzen hinweg anstrengen, um so einem Gesellschaftsideal zu entsprechen, das seine Würde unbewusst aufgegeben hat. So gehorchen wir oft pflichtbewusst, ohne uns an unseren eigenen Werten auszurichten. Um den Schmerz dieses fremdbestimmten und würdelosen Lebens nicht zu fühlen, überdecken wir ihn mit Konsum.

Anstatt den gelegentlichen Schmerz, den wir dennoch manchmal spüren, nach außen zu projizieren und dann auf die Politiker, Chefs und Manager unserer Zeit zu schimpfen, ist es in meinen Augen an der Zeit, innezuhalten und sich folgende Frage zu stellen: In welcher Zukunft wollen wir leben und wie können wir diese Zukunft selbstbewusst und selbstverantwortlich mitgestalten? Denn das Schimpfen bedient und wiederholt alte Erziehungsmuster, die nach Strafe rufen. Das führt zum einen nicht zu neuen Lösungen und entzieht uns zum anderen unsere eigenen Handlungsmöglichkeiten. Wir machen uns selbst zum Opfer, statt eigene Konsequenzen zu ziehen und aktiv zu werden.

Meine Einladung beim Innehalten ist, diese nach außen gerichteten Projektionen zu entlarven, um sie dann mit der Kraft der Scham zu reflektieren. So können wir herausfinden, was eventuell unser eigener Anteil an dieser Situation ist. Auf die Metapher bezogen und den Raubbau, den wir an uns selbst betreiben, würden die Fragen lauten: Wo gehen wir über unsere eigenen Grenzen hinweg? Und: Wo gönnen wir uns keine Erholungspausen, nach dem Motto: „Zuerst die Arbeit, dann das Vergnügen"?

Wenn wir uns die Zeit nehmen, bewusst in unserer Realität anzukommen, um zu sehen und zu fühlen, wo wir uns selbst unbewusst Schaden zugefügt haben, können wir uns dafür entscheiden, in Zukunft anders zu reagieren, und neue Handlungs- und Denkmuster aufbauen.

Der einengende Glaubenssatz, hier im Beispiel „Zuerst die Arbeit, dann das Vergnügen", kann dann durch einen neuen, dehnenden Gedanken ersetzt werden, wie zum Beispiel: „Ein ausgeruhter und aufgeräumter Geist schafft mehr in weniger Zeit". Dieser neue Gedanke lädt uns zu neuen Handlungen ein, bei denen wir uns zwischendurch Pausen gönnen, die uns ermöglichen, unsere Gedanken neu zu sortieren. Dies erlaubt uns im Endeffekt, das Wesentliche vom Unwesentlichen zu trennen und durch die neu gewonnene Klarheit schneller und zielgerichteter zu arbeiten.

Indem wir dieses neue Muster immer mehr bedienen, werden die Nervenbahnen in unserem Gehirn gestärkt und dieses Muster automatisiert sich. Das alte Erziehungsmuster, das immer weniger bis gar nicht mehr benutzt wird, verfällt, da die mit ihm verknüpften Nervenzellen im Gehirn auch nicht mehr genutzt werden. Alle Nervenbahnen, welche im Gehirn nicht benutzt werden, verschwinden nach und nach. „Use it or lose it" heißt die Devise.

An dieser Stelle fühle ich mich sehr an die Geschichte des Holzfällers von Jorge Bucay aus seinem Buch „Komm, ich erzähl dir eine Geschichte" erinnert, die ich gerne in meinen Worten wiedergebe:

Ein Holzfäller auf Arbeitsuche kommt an einem Wald vorbei, wo gerade Bäume gefällt werden. Er fragt den Vorarbeiter, ob auch Arbeit für ihn da wäre. Der Vorarbeiter, der sich über jede weitere Arbeitskraft freut, heuert ihn an und gibt ihm eine Axt mit auf den Weg zu seiner zugewiesenen Parzelle.

Am ersten Tag fällt der Holzfäller 20 Bäume und geht zeitig zu Bett, um diese Zahl am nächsten Tag noch zu übertreffen.

Am zweiten Tag fällt er 19 Bäume und geht nicht ganz so zufrieden zu Bett. Er nimmt sich vor, am nächsten Tag weniger Pausen zu machen, um seinen Rekord von 20 Bäumen zu überbieten.

Am dritten Tag fällt er 16 Bäume und geht zeitig zu Bett, um am frühen Morgen der erste zu sein, der mit Holzfällen anfängt.

Am vierten Tag fällt er nur 10 Bäume und am fünften Tag gar nur einen.

Völlig ausgepowert und entnervt geht er zum Vorarbeiter, um ihm zu berichten. Dieser fragt ihn: „Wann hast du das letzte Mal deine Axt geschliffen?"

Der Holzfäller antwortet: „Meine Axt schleifen? Aber dazu hatte ich doch gar keine Zeit!"

Achte auf deine Gedanken, denn sie werden deine Worte.

Achte auf deine Worte, denn sie werden deine Handlungen.

Achte auf deine Handlungen,

denn sie werden deine Gewohnheiten.

Achte auf deine Gewohnheiten,

denn sie werden dein Charakter.

Achte auf deinen Charakter, denn er wird dein Schicksal.

(Netzfund – Verfasser unbekannt)

Dieses Zitat verdeutlicht mir immer wieder neu, wie wichtig unsere Beziehung zu uns selbst ist. Wie wichtig es doch ist, immer mal wieder innezuhalten und zu lauschen, was gerade in mir vorgeht:

Welche Gedanken gehen mir durch den Kopf?

Welche Gefühle tauchen in mir auf?

Welche Körperempfindungen nehme ich wahr?

Wie kommuniziere ich mit mir selbst?

Stärkt und ermutigt mich meine innere Stimme oder kritisiert sie mich und macht mich nieder?

Dies ist deshalb so wichtig, weil unsere Gedanken zu Realitäten werden, genauso, wie es das Zitat vorgibt. Unsere inneren Gedanken, unsere Interpretationen von Situationen, werden zu Gefühlen, welche wir wiederum nach innen oder nach außen ausdrücken. Die Bedeutung, welche wir den Dingen geben, formt unser Selbst- und unser Weltbild.

Nach der Art und Weise, wie wir uns, die Welt und unsere Beziehung zur Welt sehen, handeln wir. Sind wir im Vertrauen, handeln wir anders, als wenn wir im Misstrauen sind. Sind wir optimistisch und sehen die Möglichkeiten, handeln wir anders, als wenn wir pessimistisch sind und die Gründe fürs Scheitern sehen. Aus unseren wiederholten Handlungen, welche auf die immer gleichen Gedanken und Gefühle zurückzuführen sind, entstehen Gewohnheiten, da oftmals wiederholt aktivierte Nervenbahnen im Gehirn stabiler werden und zu automatischen, unbewussten Mustern werden. Diese Gewohnheiten formen unseren Charakter. Wenn wir immer wieder dasselbe tun und Gewohnheiten zu starren Mustern werden, wird auch unser Selbst- und unser Weltbild starrer.

Wir sind halt so, die Welt ist halt so! Wenn wir mit solchen Augen auf die Welt schauen, wird unser Gehirn uns nur die 60 Informationen von 11.000.000 möglichen zuspielen, welche unser Selbst- und Weltbild bestätigen. Dies spart Energie und sorgt dafür, dass unser System stabil bleibt, indem es Sicherheit erfährt. In der Psychologie ist dieses Phänomen als „sich-selbst-erfüllende-Prophezeiung" bekannt. Wir erleben die Welt, die Menschen, die Dinge nicht so, wie sie wirklich sind, sondern so, wie wir denken, dass sie sind. Auf diese Weise formt unsere aktuelle Art des Denkens unseren Charakter und somit unser Schicksal.

Wenn wir unser Schicksal also positiv und nachhaltig verändern wollen und in der Tiefe ein Verständnis dafür entwickelt haben, wie wir unser bisheriges (Er-)Leben selbst erschaffen haben – nicht im Sinne von „wir haben die Dinge wirklich erschaffen", sondern im Sinn von „wir haben allen Dingen eine Bedeutung gegeben" –, können wir diesen Mechanismus ab jetzt für uns bewusst einsetzen. Wir können nun aus einer Welt, die wir bisher beispielsweise als gefährlich oder unfair erlebt haben, eine neue Welt des Friedens und der Freude erschaffen.

Hierfür dürfen wir zuerst einmal achtsam mit unseren Gedanken umgehen und uns bewusst machen, welche Gedanken in unserem Gedankenrepertoire vorkommen. Eine gute **Übung** ist, sie alle aufzuschreiben. Beim Lesen können wir uns dann bewusst dafür entscheiden, den einen oder anderen Gedanken bewusst neu zu denken.

Ein Gedanke der Veränderung, der mir sehr geholfen hat, war und ist: **Ich liebe das Leben und das Leben liebt mich.**

Dieser Gedanke fühlte sich am Anfang nicht richtig an und es war fast beschämend, ihn bewusst zu denken. Ich habe ihn immer wieder bewusst wiederholt und heute fühlt er sich ganz normal an.

Ein aktueller Gedanke, den ich bewusst in mein Gedankenrepertoire aufgenommen habe, ist: **In meinem Leben gibt es jede Menge spannende Phänomene und sie alle dienen meinem Glück.** Dieser Gedanke ersetzt meinen alten Glaubenssatz: Ich kann nur glücklich sein, wenn es mir gut geht.

Wenn wir neue Gedanken immer wieder bewusst denken und auch bewusst aussprechen, interpretieren wir Situationen anders als früher. Es entstehen neue Gefühle, zum Beispiel mehr Vertrauen, was unsere Handlungen verändert. Das Wiederholen der neuen Handlungen führt zu neuen Handlungsroutinen und Gewohnheiten, welche dann nach und nach das neue Charakterbild prägen. Und hier schließt sich dann der Kreis.

Eine gute Beziehung zu uns selbst und eine gute Selbstkenntnis sind der Beginn einer lebendigen Beziehung, welche ein gutes Fundament für alle Beziehungen nach außen ist.

INSPIRATION 5

Eine Reise von 1000 Meilen beginnt
mit dem ersten Schritt.

(Lao Tse)

Diese weisen Worte von Lao Tse, einem chinesischen Philosophen, der im 6. Jahrhundert v. Chr. gelebt haben soll, haben mich in den letzten Jahren Mut gelehrt und immer wieder zu neuen Handlungen eingeladen. Immer dann, wenn der gedankliche Graben zwischen meiner zukünftigen Wunsch-Realität und der jetzigen Ist-Realität unüberwindbar und zu groß erschien, war es dieses Zitat, welches mich ermutigt hat, den so wichtigen ersten Schritt zu tun. Beim Schreiben dieser Zeilen empfinde ich tiefe Dankbarkeit, dass das Zitat in diesen wichtigen Momenten meines Lebens immer wieder zu mir fand.

Wenn der erste Schritt gesetzt ist, fällt sozusagen der erste Dominostein, der alle weiteren zum Fallen bringt.

Ein neuer Gedanke, ein neues Gefühl, eine neue Handlung, eine neue Gewohnheit, und schon beginnt eine neue Realität sich zu formen (siehe Inspiration 4).

Möge dieses Zitat auch dich dazu ermutigen, alte Erziehungsge- wohnheiten zu hinterfragen, um gegebenenfalls bewusst neue Bezie- hungsgewohnheiten aufzubauen. An dieser Stelle möchte ich dir zu- rufen, dass es sich absolut lohnt! Gleichzeitig bin ich mir vollkommen bewusst, dass jede dies für sich entdecken und erfahren darf.

Wichtig ist mir an dieser Stelle, auch das Phänomen der Erstver- schlimmerung mit dir zu teilen, das mir beim Schreiben dieses Bu- ches anfangs schön um die Ohren flog.

Zur Erklärung:

Zuerst handeln wir unbewusst, da wir nicht wissen, was wir nicht wissen. Das ist das unbewusste Nicht-Wissen beziehungsweise Nicht-Können. So handelt jede in jedem Moment nach bestem Wis- sen (und Gewissen), was in mir die Überzeugung reifen ließ, dass ich es in jedem Moment so gut gemacht habe, wie ich es zu dem Zeitpunkt konnte und wusste. Auch die Menschen, die mich verletzt haben, haben zu dem Zeitpunkt ihr Bestes gegeben. Als dieses Ver- ständnis in mir zu wachsen und zu reifen begann, war ich bereit, mir und meinen Mitmenschen zu vergeben. Halleluja, innerer Frieden stellte sich Schritt für Schritt ein.

Als ich all mein neues Wissen für dieses Buch zusammentrug und ordnete, wurde mir vieles noch einmal klarer und bewusster. Mir wur- de so auch bewusst, an welchen Stellen ich dieses neue Wissen noch nicht lebe, noch nicht in meinen Alltag integriert habe. Dieses ist die nächste Entwicklungsstufe im Lernprozess. Uns wird bewusst, was wir bis jetzt nicht wussten. Und da es uns bewusst wird, sehen wir an vielen Stellen, wo wir dieses neue Wissen noch nicht anwenden. Das ist die Erstverschlimmerung! Es fühlt sich so an, als würde un- ser Verhalten sich verschlimmern, statt verbessern. Dies ist nicht der Fall, uns wird nur bewusst, wo wir uns noch alter Handlungsmuster bedienen, obwohl wir bereits neue Handlungsmöglichkeiten entdeckt und uns für diese entschieden haben. Wisse, das ist normal – es gehört zu jedem Prozess dazu! Das Wissen hierum lindert meinen Schmerz und es würde mich sehr freuen, wenn es diesen Effekt auch bei dir hat.

Die nächste Entwicklungsstufe ist das bewusste Entscheiden, die neuen Handlungsmuster zu üben. Durch die Kraft der Scham erkennen wir, in welchen Situationen wir die neuen Handlungsmöglichkeiten noch nicht umsetzen und können unseren Fokus nun bewusst auf diese Situationen richten, damit wir in Zukunft bewusst – mit etwas Anstrengung – das neue Handlungsmuster aufrufen. Hier sprechen wir dann vom bewussten Wissen beziehungsweise vom bewussten Können.

In der letzten Entwicklungsstufe haben sich die neuen Handlungsmuster durch wiederholtes Praktizieren verfestigt. Feste neue neuronale Muster sind im Gehirn entstanden, sodass die neuen Handlungsmuster automatisiert ablaufen. Hier sprechen wir dann vom unbewussten Wissen und Können.

INSPIRATION 6

Wenn auf der Erde Liebe herrschte,
wären alle Gesetze entbehrlich.

(Aristoteles)

Dieses Zitat von Aristoteles erinnert mich an unser Menschen- und Weltbild.

Wenn auf der Erde Liebe herrschen würde, würden wir dem Leben und unseren Mitmenschen vollkommen vertrauen. Statt, wie bei der Angst- und Misstrauensvariante, immer zuerst vom „Schlechten" auszugehen und den Teufel an die Wand zu malen, mit Schreckensnachrichten und Hiobsbotschaften, würden wir jeder Situation und jedem Menschen einen Vertrauensvorschuss geben, um uns diesen Vertrauensvorschuss dann selbst zu bestätigen (Pygmalion-Effekt, eine sich-selbst-erfüllende-Prophezeiung).

Urvertrauen ins Leben bringt Ruhe, Freude und Frieden. Wenn ich mir die schlimmsten Krisen meines Lebens anschaue – ich habe ihnen damals diese Bedeutung gegeben – so darf ich heute im Rückblick anerkennen, dass sie mich am meisten geformt haben und ich ihnen im Endeffekt das Schreiben dieses Buches verdanke. Auch diese Bedeutung schreibe ich ihnen aktuell zu. So gesehen macht es Sinn, wieder mehr und mehr mit dem Urvertrauen in Kontakt zu kommen.

In einer solch vertrauensvollen und vertrauten Atmosphäre braucht es keine Universalgesetze, auch wissend, dass es solche von Menschen gemachte Gesetze, welche überall, also universal, funktionieren, nicht gibt. In einem vertrauensvollen Feld, in dem jede in ihrer Einzigartigkeit akzeptiert ist, können wir offen unsere Bedürfnisse äußern und gemeinsam verbindende Lösungen vereinbaren, auf welche wir uns von da an berufen. Dies, um unser Zusammenleben zu erleichtern, sodass jede weiß, woran sie ist.

So haben wir in unserer Familie unsere Bedürfnislisten ausgetauscht, was uns erlaubt, immer wieder auf die eigenen Bedürfnisse und die des anderen zu blicken, um verbindende Lösungen und Handlungsmöglichkeiten zu finden, welche uns alle glücklich machen.

An dieser Stelle fühle ich mich an die Geschichte von „Ubuntu" erinnert, bei der sich die Geister streiten, ob sie wahr ist oder nicht:

Ein europäischer Forscher kam nach Afrika und bot dort den Kindern der einheimischen Bevölkerung ein Spiel an. Er hatte einen Korb voller reifer Früchte dabei, den er unter einen Baum stellte. Er lud die Kinder zu einem Wettrennen ein, wobei die Siegerin den Korb mit den ganzen Früchten bekommen sollte. Er zählte bis drei und die Kinder nahmen sich alle bei den Händen, liefen gemeinsam los und teilten sich die Früchte im Schatten des großen Baumes.

Als der Forscher die Kinder fragte, warum keines von ihnen versucht hatte, alleine loszurennen und den Korb mit den Früchten für sich zu behalten, riefen sie gemeinsam: „Ubuntu!" und fügten dem hinzu: „Wie kann eine von uns glücklich sein, wenn alle anderen traurig sind?"

Ubuntu heißt in ihrer Kultur: „Ich bin, weil wir sind."

Ob wahr oder nicht, für mich spiegelt diese Geschichte den Geist einer vertrauens- und liebevollen Kultur, in der wir füreinander da sind, in der jede die andere unterstützt, damit gemeinsam möglich wird, was für die Einzelne unmöglich scheint (Co-Kreation).

Wenn wir diesen Grundgedanken leben, herrscht Frieden, und es braucht keinerlei von Menschen gemachte Gesetze mehr. Ein Verständnis für die Gesetze des Universums reicht dann vollkommen.

> *Starke Menschen zu erkennen ist einfach.*
> *Sie sind diejenigen, die sich gegenseitig aufbauen,*
> *statt sich gegenseitig zu zerstören.*

Diese Erkenntnis, welche in den letzten Jahren in mir gereift ist, steht für mich für den Paradigmenwechsel von einem pessimistischen und misstrauischen Menschenbild zu einem optimistischen und vertrauensvollen Menschenbild.

In einer traditionellen, patriarchalisch geprägten Gesellschaft wird oft ein Bild des Mangels und der Konkurrenz aufgezeichnet. Wenn wir daran glauben, dass nicht genug für alle da ist, kann man uns auch glauben lassen, dass wir, wenn wir uns genug anstrengen und besser als die anderen sind, als Belohnung das erhalten, was für die anderen dann nicht mehr zu haben ist. So entstehen Statussymbole und so beginnen wir, unseren inneren Wert auf Äußerlichkeiten zu projizieren.

Dies hat für die konsumgeleitete Gesellschaft mehrere Vorteile. Zum einen werden wir aus dem Konkurrenzdenken heraus, und um zu zeigen, dass wir besser, wertvoller als die anderen sind, gerne immer mehr konsumieren. Zum anderen sind wir leichter manipulierbar.

Wenn man uns die richtige Möhre vor die Nase hält, fangen wir an, uns gedankenlos in Richtung der Möhre in Bewegung zu setzen, um diese schlussendlich zu erlangen. Sobald wie diese Möhre erhalten haben, verliert sie ihren Reiz und man kann uns eine neue vorsetzen. So entsteht nicht nur eine scheinbar gut funktionierende Wirtschaft, sondern auch unsere Wegwerfgesellschaft mit all ihren Konsequenzen – wie zum Beispiel: das Artensterben, die Verschmutzung der Weltmeere und der Raubbau natürlicher Ressourcen unserer Erde.

In dieser auf Konkurrenz aufgebauten Gesellschaft herrschen vor allem starre hierarchische Strukturen, in denen unbewusst darauf geachtet wird, die Mitarbeiter klein zu halten, damit die „Führungsetage" die Oberhand behält. Es geht hier um Macht und Machtgehabe und den Glauben, dass es diese Macht braucht, um eine funktionsfähige Gesellschaft zu etablieren. Der Witz ist, dass dies für diese Form von Gesellschaft absolut stimmt.

Wir leben aktuell in einer Zeit, in der diese Strukturen, welche bislang gut funktioniert haben, auf einmal an ihre Grenzen stoßen. Jetzt ist ein Um- und Neudenken unausweichlich, wenn wir unseren Kindern und Enkelkindern eine (Über-)Lebensmöglichkeit auf unserem Heimatplaneten Erde ermöglichen wollen.

Junge Menschen, welche zum Beispiel Bewegungen wie „Fridays for Future" unterstützen, haben verstanden, dass auf die alten hierarchischen Führer und Führerinnen kein Verlass ist und so organisieren sie sich anders und neu.

Hier geht es dann nicht um Positionen und Machtkämpfe, sondern um den Inhalt selbst. Hier treffen starke Menschen aufeinander, denen bewusst ist, dass das menschliche Dasein von Schwächen und Stärken geprägt ist. Wir sind weder perfekt noch unfehlbar. Statt uns über den anderen zu erheben, indem wir ihn schwächer und schlechter machen, um über unsere eigenen Schwächen hinwegzutäuschen, stärken wir einander in unseren Stärken und sind so selbst stark, weil wir aushalten, dass der andere in einem bestimmten Bereich besser ist als wir.

Wenn wir anfangen zu verstehen, dass wir alle einzigartig sind und somit jede allen anderen etwas voraushat und wir auch alle unsere Schwächen haben, können wir beginnen, uns gegenseitig in unseren Stärken zu unterstützen und uns so in unserer einzigartigen Vielfalt ergänzen.

Wenn wir uns unserer Stärken voll und ganz bewusst sind, können wir diese benennen, nach außen kommunizieren und uns genau dort stärkend einbringen, wo unsere Stärken gebraucht werden. So entstehen Felder der Co-Kreation mit starken Menschen, welche durch ihre Selbstwirksamkeit immer stärker und selbstbewusster werden.

Meine Einladung an dich und mich: Lass uns stark sein und die Menschen mit unseren Stärken überall dort unterstützen, wo wir können und wollen.

NICHT MEIN JOB	MEIN JOB
Menschen retten und reparieren	Menschen lieben
Beliebt sein	Authentisch sein
Alles machen	Den nächsten Schritt machen
Jedem gefallen	Meine Wahrheit sprechen
Krampfhaft zusammenhalten	Einfach sein lassen und atmen

Diese Gegenüberstellung zeigt in meinen Augen sehr gut den Unterschied zwischen einem misstrauischen, defizitären und einem vertrauensvollen, potenzialentfaltenden Menschenbild.

Wenn wir anderen Menschen mit Misstrauen begegnen, wird unser Fokus, unser Blick sehr schnell auf ihre Schwächen gelenkt. Wir nehmen dann wahr, wo sie in unseren Augen nicht perfekt sind und wo wir ihnen überlegen sind. Wenn dem so ist, wird mit großer Wahrscheinlichkeit unser Impuls, unser Wunsch einsetzen, sie zu reparieren. Wir möchten geliebt und anerkannt werden für unser Tun. Wir werden versuchen, alles selbst zu erledigen, da wir ja niemandem trauen können. Selbst ist die Frau! Aus diesem Misstrauen heraus werden wir krampfhaft versuchen, zu deuten, wie wir sein müssen, damit die anderen uns lieben und achten. Da wir in einem misstrauischen Denken nicht bedingungslos lieben und achten können, können wir uns auch nicht vorstellen, dass andere dies tun.

Wir versuchen, alles zusammenzuhalten, alles zu kontrollieren. Hier zeigt sich deutlich, wie anstrengend dieses misstrauische Menschenbild für uns und für alle anderen in unserem Umfeld ist und wie wir so unbewusst Raubbau aneinander betreiben.

Wenn wir unseren Mitmenschen jedoch (ver-)trauen, dann ist es ein Leichtes, diese Menschen so zu lieben, wie sie sind. Unser Blick richtet sich jetzt auf ihre Stärken und wir können ihnen diese Stärken spiegeln, indem wir sie wertschätzen und nach außen kommunizieren, beispielsweise durch Komplimente. So fällt es uns dann selbst auch leicht(-er), authentisch einfach wir selbst zu sein. Wir machen immer nur den nächsten Schritt, diesen ganz bewusst und achtsam. Wir sprechen unsere Wahrheit aus, damit unsere Mitmenschen genau wissen, woran sie mit uns sind. So erfahren sie, was uns stärkt und nährt und können uns nun bestmöglich mit ihren Stärken unterstützen.

Wir erlauben uns einfach, zu sein, zu atmen. Auf diese Weise entsteht ein Unterstützungs- und Begeisterungskreislauf, der jeden Mitmenschen stärkt und nährt. Die Erfahrung von Co-Kreation wird möglich.

Meine Einladung an dich und mich: Lass uns einfach sein und auf diese Art vorbildlich unsere freiste Version von uns leben. In dieser entspannten und vertrauensvollen Atmosphäre ermöglichen wir unseren Mitmenschen, sich selbst ebenfalls zu entspannen und ihre freiste Version zu zeigen.

Sprache übt eine unsichtbare Kraft aus,
wie der Mond auf die Gezeiten.

(Rita Mae Brown)

Diese Aussage von Rita Mae Brown erinnert mich an die unglaubliche Macht der Sprache, welcher wir uns oft nicht bewusst sind und die wir nicht bewusst genug zu unserem Wohl und zum Wohle aller einsetzen. So beginnt das Neue Testament auch mit den Worten: „Im Anfang war das Wort", was ich als einen Hinweis auf die Macht der Sprache deute.

In Inspiration 4 habe ich den Kreislauf aufgezeichnet, wie wir den Dingen ihre Bedeutung geben und somit unsere Erfahrungen und unsere eigene Realität erschaffen. An dieser Stelle sei noch einmal an den wesentlichen Unterschied zwischen „materiell erschaffen" und „den Dingen ihre Bedeutung geben" erinnert.

Wenn wir zum Beispiel in der Kindheit misshandelt wurden, haben wir die Misshandlung nicht erschaffen im Sinne von, dass wir die Schuld, die Verantwortung dafür tragen. Aber wir haben zu jener Zeit dieser Misshandlung eine bestimmte Bedeutung gegeben, welche heute noch tief in uns wirkt. Für diese Bedeutung dürfen wir heute Verantwortung übernehmen, wenn wir dies wollen.

Als Kleinkinder waren wir noch nicht in der Lage, uns wehren zu können. Unsere Eltern und andere Bezugspersonen waren für uns **alles**, weil sie für unser Überleben mit Nahrung und Fürsorge sorgten. Deshalb haben wir vielleicht angenommen, dass wir falsch sind und somit unbewusst die Schuld auf uns genommen, dass wir geschlagen wurden. Der Glaubenssatz „Ich bin falsch" produziert Scham und Schuld. Da wir als Kinder die Kraft der Scham bei gewalttätigen Eltern nicht lernen konnten, konnten wir sie auch nicht nutzen, um uns wohlwollend und achtsam in Frage zu stellen, um eventuell zum Schluss zu gelangen, dass wir richtig sind. Wir übernahmen und spiegelten die Scham unserer Bezugspersonen in ihrem Schattenausdruck. Dieser Schattenausdruck kann sich, sehr viel später, in Depressionen und Selbstzerfleischungs-Szenarien bis hin zum Suizid entwickeln. Ähnlich verhält es sich mit dem Gedanken „Ich bin schuld". Damit geben wir unbewusst unseren Eltern das Recht, uns zu schlagen. Wir interpretieren, dass unsere Eltern richtig sind und wir falsch, und schon sind wir wieder bei der Scham, die wir als Kind nicht als Kraft einsetzen können, je nachdem in welchem Umfeld wir aufwachsen.

Wenn uns nun bewusst wird, dass in unserem Unterbewusstsein Glaubenssätze und Gedanken verankert sind, die immer wieder bewusst und unbewusst in unserem Gedankenkreislauf auftauchen und wirken, dann können wir die Verantwortung für diese Gedanken übernehmen, wenn wir möchten. Wir können uns fragen, ob es wirklich stimmt, dass wir zum Beispiel falsch sind. Und es kann sogar sein, dass ein erster Impuls diese Frage bejaht. So tief kann dieser Glaube in uns verankert sein. Mich hat diese erste Antwort (Ja) damals sehr traurig gemacht, was mir im Endeffekt die Möglichkeit gegeben hat, mir durch die Kraft der Trauer zu vergeben. Mir zu vergeben, dass ich als Kind unbewusst die Interpretation und das Urteil über mich gefällt habe, falsch zu sein. Als ich mir vergeben hatte, konnte ich auch meinen Eltern vergeben und dem neuen Gedanken „Meine Eltern haben es immer so gut gemacht, wie sie wussten und konnten" mein volles

Ja geben. So entstand Frieden in mir und nach und nach auch um mich herum.

Was ich damit sagen und aufzeigen möchte: Unsere Gedanken (inneren Worte) und unsere Kommunikation (äußeren Worte) entscheiden, ob wir Frieden säen oder Unfrieden. Sie wirken wie eine scheinbar unsichtbare Kraft auf unser Leben und Erleben.

Meine Einladung an dich und mich: Lass uns unserer unbewussten Gedanken und Glaubenssätze bewusst werden. Lass uns fragen, ob das alles wahr ist, was wir denken. Lass uns fragen, ob es uns stärkt oder ob es uns schwächt. Und dann lass uns weise wählen, welche Gedanken und Glaubenssätze wir weiter in unserem System tragen möchten und welche neuen Gedanken und Glaubenssätze wir aufnehmen möchten.

Hier eine kleine **Inspiration** meiner aktuellen bewusst gedachten Gedanken:

Es ist nichts zu schön, um wahr zu sein.

In meinem Leben ist immer noch viel mehr möglich, als ich jetzt gerade erfahre.

Die Wahrheit ist: Ich war nie zu viel und kann es auch nie sein, denn ich bin genauso geschaffen, wie die Welt mich braucht.

INSPIRATION 10

> *Viele unserer Probleme gäbe es nicht,*
> *würden wir miteinander, statt übereinander sprechen.*
>
> (Netzfund – Verfasser unbekannt)

Die Angst, beschämt und ausgestoßen zu werden, wenn wir unsere momentane Wahrheit – unsere Gedanken, unsere Gefühle, unsere Bedürfnisse und unsere Wünsche – offen und authentisch mitteilen, führt dazu, dass wir all das lieber runterschlucken. Alle verdrängten Energien kommen als Projektionen wieder ans Tageslicht, indem wir zum Beispiel andere beurteilen und verurteilen. Um nicht allein dazustehen, aus Angst vor Einsamkeit, suchen wir nach Verbündeten, die uns dieses Urteil über die anderen bestätigen. Wir finden immer Menschen, die uns Recht geben und in unsere Projektion einsteigen. Dies gibt uns dann für einen Moment ein gutes Gefühl.

Wir fühlen uns im Recht. Wir fühlen uns richtig und die Welt ist in Ordnung.

Leider verpassen wir so oft die Gelegenheit, wirklich in Beziehung zu uns und den anderen zu gehen. Statt eine mögliche Brücke zu bauen, erschaffen wir einen Graben, der uns und den anderen schwächt.

Denn unausgesprochene Gedanken wirken. Zuerst natürlich in unserem System, wo sie unsere Gefühle und Handlungen beeinflussen. Und dann wirken sie natürlich auch beim anderen, der an uns und unseren Handlungen deutet, dass etwas nicht stimmt. Hinzu kommt die Schwingungsfrequenz, die bewusst oder unbewusst wahrgenommen wird. Wenn der andere nun seine Deutungen, seine Gefühle, welche diese in ihm auslösen, und seinen Wunsch und sein Bedürfnis, die hinter dem Wunsch stecken, nun ebenfalls runterschluckt und uns dann beurteilt und verurteilt, wird der Graben zwischen uns wachsen. Irgendwann entsteht vielleicht eine tiefe Abneigung, ohne dass wir jemals wirklich in Kontakt, in Beziehung getreten sind.

Es reicht, wenn einer von uns diese Eskalationsleiter durchbricht und bereit ist, auf sein Rechthaben zu verzichten. Für einen Streit braucht es immer mindestens zwei Personen. Um Frieden zu schließen, genügt eine – und diese kann ich sein, wenn ich mag. Dass wir nicht immer mögen, ist menschlich. Denn in dem Moment, in dem wir auf unser Rechthaben verzichten, fühlen wir uns ein Stück weit kleiner und weniger wertvoll. In einer Gesellschaft, die auf Konkurrenz ausgerichtet ist, fühlt sich Frieden herstellen wie eine Niederlage an. Auch wenn das Sprichwort „Der Klügere gibt nach" suggeriert, dass es sich lohnt, nachzugeben, ist dieses Sprichwort kein Friedensangebot, da es den Friedensstifter als den Klügeren darstellt und somit den anderen wieder herabsetzt und kleinmacht. Und dennoch ist etwas dran an diesem Sprichwort. Dann nämlich, wenn mit klug „weise" gemeint ist. Dann bin ich bereit, auf meine Sicht der Dinge, mein Rechthaben zu verzichten, um Frieden zwischen uns beiden herzustellen, im Wissen, dass wir beide dadurch Entspannung und Frieden erfahren und im Wissen, dass Frieden immer zuerst in uns entsteht.

Wenn wir tief verstanden und erfahren haben, dass der äußere Frieden vom inneren Frieden abhängt, dass immer zuerst in unserem Innern Frieden entstehen darf, dann sind wir bereit, für diesen Frieden auch den Preis unserer Sichtweise zu zahlen und die Sicht des anderen einzunehmen. Dann hören wir nicht mehr nur zu, um zu antworten, sondern wir beginnen, zu lauschen, um zu verstehen.

Wenn wir bereit sind, diesen Schritt des Lauschens zu gehen, sind wir auch bereit, uns ganz authentisch mitzuteilen mit unseren Gedanken, Gefühlen, Bedürfnissen und Wünschen ohne die Erwartung, dass unsere Wünsche und Bedürfnisse erfüllt werden. Erst, indem wir sie mitteilen, erhält unser Gegenüber überhaupt die Gelegenheit der Wahl, darauf einzugehen oder nicht.

Wenn unser Gegenüber uns oft genug mitteilt, dass sie nicht an einer tieferen, engeren Beziehung mit uns interessiert ist, weil sie beispielsweise andere Werte vertritt, dürfen wir selbstverantwortlich anerkennen, dass dies nicht der beste Nährboden für uns und unser Wachstum ist und in Frieden ein anderes Beziehungsfeld aufsuchen. Ohne unseren Stab über diesem Menschen zu brechen, sondern ganz authentisch kommunizierend: „Da diese Beziehung uns nicht stärkt, verlasse ich sie."

Oder in einem früheren Schritt: „Ich wünsche mir eine lebendige Beziehung mit dir. Darunter verstehe ich eine Beziehung, in der alle Beteiligten gesehen und wertgeschätzt werden und in der alle Beteiligten wachsen und sich entwickeln können. Dafür brauche ich zum einen die Sicherheit, dass Vertrauliches unter uns bleibt, die Sicherheit, dass ich mich ganz – mit allen Gedanken, Gefühlen und Bedürfnissen – zeigen darf, ohne be- und verurteilt zu werden. Ich wünsche mir zum anderen Nähe, sodass wir uns ganz authentisch begegnen können. Ich bin bereit, dir zu lauschen, was deine Wünsche und Bedürfnisse sind, und zu sehen, ob ich sie dir erfüllen mag."

Dieses ehrliche, authentische Miteinander verbindet tief und lässt starke Verbindungen, starke Beziehungen entstehen, die für alle Mitglieder stärkend sind.

Meine Einladung an dich und mich: Lass uns erkennen, wo noch Unfrieden in uns wirkt, und lass uns diesem Unfrieden mit bedingungsloser Freundlichkeit begegnen. Lass uns lernen, den Frieden in uns zu erschaffen.

INSPIRATION 11

Lass niemanden Raum in deinem Kopf mieten,

außer es handelt sich um einen guten Mieter.

(Netzfund – Verfasser unbekannt)

Dieser Spruch lädt uns dazu ein, weise darauf zu achten, welche Nahrung wir unserem Geist anbieten: welche Bücher wir lesen, welche Fernsehsendungen wir uns anschauen, mit welchen Menschen wir uns umgeben …

Wenn wir uns bewusst werden, dass jede Nachricht, jeder Gedanke, jedes Bild in uns wirkt, dürfen wir auch bewusst hinschauen und entscheiden, was wir glauben und was wir in unseren Geist einladen möchten. Gleichermaßen dürfen wir bewusst entscheiden, bestimmten Gedanken, bestimmten Bilder und bestimmten Nachrichten keinen Glauben zu schenken und sie in unserem Geiste einfach vorüberziehen zu lassen, ohne ihnen Energie durch unsere Aufmerksamkeit zu schenken.

Da die Aufnahme von Bildern, Gedanken und Worten so schnell in unserem Unterbewusstsein geschieht, dass wir nicht in der Lage sind, jeden einzelnen und jedes einzelne von ihnen festzuhalten und zu überprüfen, dürfen wir im Vorfeld bereits weise wählen, in welchen Feldern, in welcher Umgebung wir uns bewegen möchten.

Ich wähle sehr bewusst Menschen in meinem engsten Umfeld aus, welche über ihre Visionen sprechen, weil Visionen mich inspirieren und ihr Beispiel mich ermutigt, über meine Visionen zu reden und diese dann auch umzusetzen. Ich wähle bewusst Bücher, welche mir neue, inspirierende, kraftvolle, stärkende Gedanken schenken. Ich wähle bewusst stärkende und nährende Beziehungen, bei denen alle Beteiligten zu innerem Wachstum und Entwicklung eingeladen, ermutigt und inspiriert werden.

Ein weiteres Sprichwort besagt, dass wir zu den fünf Menschen werden, mit denen wir die meiste Zeit verbringen. Wenn ich an diese fünf Menschen denke, hüpft mein Herz vor Begeisterung, weil ich mittlerweile ausschließlich inspirierende Menschen um mich herum habe, welche mich durch ihr vorbildliches Sein dazu einladen, meine Wahrheit ganz authentisch zu leben und zu zeigen. Danke!

Meine Einladung an dich (und mich): Schaue dir bewusst an, welche Menschen du um dich herum eingeladen hast. Woher beziehst du deine Informationen? Was liest du? Was schaust du dir gerne an? Lass es wirken. Wähle dann bewusst. Es ist deine Wahl. Du entscheidest, wer du sein willst.

INSPIRATION 12

Dass ich mich mittlerweile traue, diesen Gedanken nicht nur bewusst zu denken, sondern ihn auch hier ganz offen und öffentlich zu kommunizieren, zeigt, dass ich mittlerweile gelernt habe, mich selbst zu lieben. Ich habe gelernt, meine Macken, Ecken und Kanten anzunehmen und zu akzeptieren, genauso wie meine Talente.

Das war nicht immer so und auch heute gibt es noch Tage, an denen ich dies nicht so fühle. Ich akzeptiere in Demut, dass ich nicht perfekt bin und gleichzeitig vollkommen für meine Aufgaben ausgestattet.

Erst als ich gelernt habe, mich selbst zu lieben, nicht nur mein Licht (meine Nettigkeit, meine Artigkeit, meine Hilfsbereitschaft ...), sondern auch meinen Schatten (meine Wut, mein Nein, mein Mich-Verpissen, meinen Unfrieden ...), kam Ruhe in mein System. Eine Ruhe, welche in der Tiefe bereits vorhanden war, die ich bis dahin aber bekämpft habe, weil ich nicht introvertiert und schüchtern sein wollte. Mein Urteil über mich selbst lautete: Ich bin langweilig. Erst als ich diesen scheinbar langweiligen Part in mir willkommen geheißen habe, war ich offen für Komplimente von außen, die oft an mich herangetragen wurden und werden. Erst jetzt bin ich offen für sie, und die 60 Informationseinheiten, welche mein Gehirn aufnehmen kann, haben sich von „langweilig" auf „ein wohltuender Ruhepol" verlagert.

Heute weiß ich, dass wir alle Wunder sind. Lebewesen, die das momentane Ergebnis einer 13,7 Milliarden Jahre andauernden Entwicklung sind, die auf einem Planeten genannt Erde wohnen, der sich mit 30.000 m/s durchs Weltall dreht.

Ich bin jetzt bereit, meine Talente zu teilen mit all jenen, mit denen ich durch mein Anliegen, den Weltfrieden, verbunden bin. Wohlwissend, dass Frieden immer zuerst bei mir selbst beginnt, und zugleich wissend, dass ich noch nicht mit allem in Frieden und so stets ein Übender bin. Ich bin bereit, bis zum letzten Atemzug friedvoll zu üben: Dann hat mein Leben für mich einen Sinn gehabt.

Meine Einladung an dich: Welche dich kräftigende, nährende Gedanken möchtest du von jetzt an bewusst denken?

Eines meiner Lieblingsgedichte, das Charles Chaplin zugeschrieben wird, das aber ursprünglich vermutlich von Kim McMillen stammt, heißt „Als ich mich selbst zu lieben begann". Wer kennt es nicht?

Es drückt genau das aus, was auch ich empfinde. Und mehr, denn seit ich begonnen habe, mich selbst zu lieben,

- erkenne ich mehr und mehr, dass emotionaler Schmerz und Leid Einladungen für mich sind, meine wahre Größe zu leben. Die eigene Wahrheit leben heißt für mich AUTHENTISCH SEIN

- verstehe ich mehr und mehr, wie sehr Erwartungen andere und mich einengen. Jedes Wesen so sein zu lassen, wie es ist, ist für mich RESPEKT

- erkenne ich mehr und mehr, dass mein Leben einer (vor-)bestimmten Ordnung folgt und dass alles um mich herum eine Einladung zum Erblühen ist. Das ist für mich REIFE

- verstehe ich mehr und mehr, dass ich meiner inneren Stimme, meiner Intuition, Vertrauen schenken darf. Das bedeutet für mich SELBSTVERTRAUEN

- verstehe ich mehr und mehr, dass meine Zeit auf diesem Planeten begrenzt ist. Seitdem tue ich Dinge, die ich liebe, und liebe die Dinge, die ich tue. Das ist für mich EINFACHHEIT

- verstehe ich mehr und mehr, was es bedeutet, jeden Tag etwas loszulassen, was mir schadet, und dafür etwas bewusst zu tun, was mir guttut. Das heißt für mich SELBSTLIEBE

- verstehe ich mehr und mehr, dass ich glücklicher bin, wenn ich mein Rechthaben loslasse. Das ist für mich BESCHEIDENHEIT

- verstehe ich mehr und mehr, was es bedeutet, mein Bewusstsein im Hier und Jetzt zu sammeln, dem einzigen wahren Moment, der mir geschenkt wird. Das ist für mich wahre ERFÜLLUNG

- erkenne ich mehr und mehr, dass Verstand (Geist) und Herz (Intuition) zusammengehören. Diese Verbindung ist für mich die WEISHEIT DES HERZENS

- verstehe ich mehr und mehr, dass „gut" und „schlecht" meine Be- und Verurteilungen sind. Heute weiß ich: LEBEN IST ALLES und ALLES IST LEBEN.

Damit sind wir am Ende des Inspirationsteils angelangt und ich bedanke mich noch einmal sehr herzlich bei dir für deine Zeit und dein Einlassen auf diese Inspirationen.

Mögen sie in deinem Leben auf so wundersame und wundervolle Weise wirken wie bei mir.

Wenn du diese Wirkung vertiefen magst, lade ich dich ein, zum dritten Kapitel überzugehen, dem Übungsteil. Hier findest du zu jeder Inspiration eine mögliche Übung sowie meine persönlichen Erfahrungen mit den Übungen.

3

ÜBUNG 1

Kinder spiegeln dich!
Die Art, wie du mit deinem Kind kommunizierst,
wird zu seiner inneren Stimme!

In dieser Übung lade ich dich ganz herzlich dazu ein, deine Art, mit dir zu kommunizieren, zu erforschen.

Benutzt du eher Wörter, welche dir suggerieren, dass eine äußere Macht dich zwingt, Dinge zu tun, oder nutzt du Wörter, welche dich inspirieren, einladen und ermutigen, Dinge zu tun?

Was passiert, wenn du folgende Wörter in der Kommunikation mit dir austauschst?

ich muss	▶	ich kann/ich will
vielleicht	▶	sicher
ich möchte	▶	ich mache
ich versuche	▶	ich mache
ich werde	▶	ich bin
ich will	▶	ich mache

Ich lade dich ein, mit diesen Wörtern zu spielen und zu schauen, ob sich dabei in deiner Wahrnehmung oder deinen Handlungen etwas verändert. Ich bin gespannt, was es bei dir bewirkt.

Ich kann dir für meinen Teil verraten, dass ich früher oft sehr viel tun „musste". So „musste" ich beispielsweise zum Training. Ich „musste" einkaufen gehen. Ich „musste" meine Kinder von der Schule abholen usw. Als ich genauer und bewusster hingeschaut habe, ist mir aufgefallen, dass das alles nicht stimmt. in Wirklichkeit gehe ich gerne zum Training, weil das Training mir Freude bereitet. Ich gehe gerne einkaufen, weil wir dann alles im Haus haben, um ein leckeres Essen zuzubereiten. Ich hole meine Kinder sehr gerne von der Schule ab, weil ich sie liebe.

Wenn ich mir jedoch einrede, dies alles tun zu „müssen", habe ich ein Gefühl von Druck, und die Freude und Wertschätzung an diesen Dingen geht mir verloren. Ich hetze von Aufgabe zu Aufgabe und komme vor lauter „müssen" nicht mehr zur Ruhe. Denn Pausen werden dann auch zum „muss": Ich „muss" jetzt mal Pause machen.

Als mir klar wurde, dass ich zur Arbeit gehen darf, dass dies ein Privileg ist, dass es viele Gründe gibt, meine Arbeit wertzuschätzen, habe ich auch hier das „muss" in ein „darf" umgewandelt. Natürlich gibt es Tage, an denen ich nicht so gerne zur Arbeit gehe, an denen ich mich nicht so wohl fühle. Da ertappe ich mich beim: „Aber ich muss arbeiten gehen." Wenn es mir auffällt, frage ich mich, ob das wahr ist und formuliere um, beziehungsweise gönne mir eine Pause, wenn mein Körper wirklich danach verlangt.

Ähnlich ging es mir mit „vielleicht", „möchte" und „wollen". Ich habe gemerkt, wie diese Wörter mir Kraft entzogen haben, weil ich nicht wirklich klar und bestimmt ausgesprochen habe, was ich wirklich will und wirklich tue. So habe ich mir unbewusst ein Schlupfloch zum Rückzug gelassen. Mittlerweile formuliere ich klarer und bewusster, was mich dazu einlädt, wirklich zu meinen Worten zu stehen und genauer darüber nachzudenken, was ich wirklich will, um mich dann auf das Wesentliche zu fokussieren und dies auch umzusetzen. So erfahre ich Selbstwirksamkeit und gewinne Selbstvertrauen.

ÜBUNG 2

Kinder nehmen nicht die Worte
von uns Erwachsenen wahr,
sondern unsere Schwingung.

In dieser Übung lade ich dich ganz herzlich dazu ein, bevor du etwas nach außen kommunizierst, einmal bewusst innezuhalten und in dich hineinzufühlen, auf welcher Frequenz du dich gerade befindest.

Wie sieht deine Grundstimmung momentan aus?

Was denkst du gerade?

Was fühlst du?

Was spürst du in deinem Körper?

Dann frage dich, in welcher Frequenz du gerne senden möchtest, sodass deine Botschaft und deine Frequenz aufeinander abgestimmt sind und einheitlich schwingen. Beobachte, was passiert.

Wie reagiert dein Gegenüber?

Was passiert in dir?

Ich konnte bei mir feststellen, dass es Gefühle gab, welche ich mir nicht erlaubt habe. So habe ich mir zum Beispiel eine Zeit lang nicht erlaubt, wütend zu sein, was dazu führte, dass ich keine Grenzen setzen konnte und somit auch immer wieder über meine eigenen Grenzen hinweg gegangen bin. Ich kannte bis dato fast ausschließlich Beispiele zerstörerischer Wut (in ihrem Schattenausdruck) und wusste noch nicht, wie ich diese Kraft konstruktiv nutzen kann. Erst als ich gelernt hatte, dass der Kraftausdruck der Wut mir zum einen hilft, innere Klarheit zu gewinnen über das, was ich wirklich will, und mir andererseits die Kraft zur Verfügung stellt, dieses auch unmissverständlich mitzuteilen und so für mich und meine Bedürfnisse einzutreten, war ich bereit, diese Wut zuzulassen und bewusst zu leben.

Jetzt, wo meine Botschaft und meine Frequenz kongruent sind, entsteht bei mir der Eindruck, dass die Botschaft viel klarer in meinem System ist und auch viel klarer beim anderen ankommt und angenommen wird.

ÜBUNG 3

> *Die Erde ist 4,6 Milliarden Jahre alt.*
> *Wenn wir dies auf 46 Jahre reduzieren, gibt es uns seit*
> *vier Stunden. Unsere industrielle Revolution hat vor*
> *einer Minute begonnen. In diesem Zeitabschnitt*
> *ist es uns gelungen, mehr als 50 % der Wälder*
> *unseres Planeten zu zerstören.*
>
> (Netzfund – Verfasser unbekannt)

In dieser Übung lade ich dich ganz herzlich dazu ein, dich zu fragen, wo du in deinem Leben Raubbau bei dir betreibst.

Wo gehst du über deine eigenen Grenzen hinweg?

Wo setzt du keine klaren Grenzen nach außen?

Wo ist deine innere Kommunikation noch von „müssen" und „sollen" geprägt?

Meine Einladung an dich: Werde dir einfach bewusst, du „musst" gar nichts verändern, wenn du nicht möchtest.

Mir persönlich fällt bei dieser Übung immer wieder einmal auf, dass manchmal folgender Glaubenssatz auftaucht: Ich bin nur dann wertvoll (nützlich), wenn ich etwas (für mich oder für andere) tue. Dies führt in unachtsamen Momenten dazu, dass ich mich im Tun verliere und mit dem „Strom" mitschwimme. Es bedarf bei mir nach wie vor bewusst eingesetzter „Stillpoints", also Momente der Stille, der Meditation.

In einer weiteren Übung lade ich dich ein, das Experiment der Freude zu machen.

Nimm dir einen Zeitraum, den du für dich als realistisch betrachtest und folge in dieser Zeit zu 100 % deiner Freude. Beobachte, was passiert.

Eine Bitte an dich: Wenn du deiner Freude folgst, achte dabei bitte auf die Grenzen deiner Mitmenschen. Folge deiner Freude zu deinem Wohl UND dem Wohle aller. DANKE!

Was diese Übung angeht, stelle ich bei mir einerseits fest, dass sie unglaublich viel Freude bereitet und mir Kraft gibt, ich sie andererseits aber oft nicht bis zum Ende durchziehe. Ein Teil von mir bremst mich aus mit dem Absolutheitsanspruch: „Das macht man nicht!" An der Stelle ist meine gelernte obere Grenze der Freude erreicht. Wenn ich genauer hinschaue, wird mir bewusst, dass ich unbegrenzte Freude und einfach die Freude an sich noch nicht vollkommen zulasse. Beim Schreiben dieser Zeilen wird mir bewusst, dass ich da noch nicht anecken und mit dem Strom schwimmen möchte. Damit ist jetzt Schluss! Ich gebe mir jetzt und hier die Erlaubnis, grundlos und ungebremst Freude zu erfahren. Ich erlaube mir, verrückt und damit sichtbar zu sein.

ÜBUNG 4

Achte auf deine Gedanken, denn sie werden deine Worte.

Achte auf deine Worte, denn sie werden deine Handlungen.

Achte auf deine Handlungen,

denn sie werden deine Gewohnheiten.

Achte auf deine Gewohnheiten,

denn sie werden dein Charakter.

Achte auf deinen Charakter, denn er wird dein Schicksal.

(Netzfund – Verfasser unbekannt)

In dieser Übung lade ich dich ganz herzlich dazu ein, dir einen Aspekt deines Lebens anzuschauen, bei dem ich fest davon überzeugt bin, dass du nicht für diesen Aspekt verantwortlich bist („zu guter" Job, „zu schlechte" Fitness, …).

Dann nimm dir einen Moment Zeit und schaue zurück:

Was waren in den letzten zwölf Monaten deine Gedanken über diesen Aspekt?

Wie hast du innerlich und äußerlich darüber geredet?

Wie hast du in den letzten zwölf Monaten in diesem Bereich gehandelt?

Was stellst du fest?

Welchen Gedanken willst du in den nächsten 30 Tagen ganz bewusst in diesem Bereich „pflanzen"?

In meiner Erfahrung ist diese Übung sehr kraftvoll und manchmal auch ätzend zugleich. Kraftvoll, weil ich meine Macht und meine Verantwortung zu mir zurückhole. Ätzend, weil ich mir nicht immer eingestehen will, dass ich meine Verantwortung abgegeben habe.

ÜBUNG 5

Eine Reise von 1000 Meilen beginnt
mit dem ersten Schritt.

(Lao Tse)

In dieser Übung lade ich dich ganz herzlich dazu ein, an einem Experiment teilzunehmen, bei dem aus unmöglich möglich werden kann. Bereit?

Welchen lang ersehnten Wunsch hast du dir bis jetzt immer wieder ausgeredet mit dem Gedanken, dass es unmöglich ist oder zumindest, dass es für dich unmöglich ist?

Stell dir nun vor, du könntest eine Reise in ein Paralleluniversum machen, in dem du genau diese Möglichkeit lebst. Such dir einen Platz im Raum, der für dein heutiges Hier und Jetzt steht und einen anderen, der für dieses Paralleluniversum oder deine Zukunft steht, und mach es dir dort bequem. Schließe deine Augen und lass folgende Fragen auf dich wirken:

Wie sieht es dort aus? Wie lebst du dort? Was tust du dort? Welche Menschen sind um dich herum? Wie fühlst du dich? Was fühlst du? Was denkst du?

Nun schau aus diesem Paralleluniversum oder deiner Zukunft auf die Stelle im Raum, die für dein heutiges Hier und Jetzt steht und frage dich:

Welche fünf bis sieben wichtige und teilweise verrückte Schritte könnte meine Parallelversion, beziehungsweise mein zukünftiges Ich umgesetzt haben, um diese Möglichkeit zu leben?

Was war und ist der erste Schritt deiner Parallelversion und deines zukünftigen Ichs?

Bist du bereit, diesen ersten Schritt im Hier und Jetzt für dich umzusetzen?

Wenn dir dieser erste Schritt (noch) zu groß erscheint, was könnte dein erster Schritt in dieser Realität im Hier und Jetzt sein?

Was passiert, wenn du diesen ersten Schritt wagst? Und dann den nächsten, den übernächsten …

Wenn ich mir erlaube, diese Übung zu machen, ver-rücke ich jeweils meine jetzige Realität. Dabei kommt nicht immer Freude auf, weil ein Teil in mir genau weiß, dass diese gewünschte Realität aus gutem Grund noch nicht da ist. Oftmals gibt es einen Preis zu bezahlen, den ich unbewusst zu zahlen noch nicht bereit bin. Dieser Aspekt erinnert mich dann liebevoll und nachdrücklich daran, mir die Konsequenzen meines neuen Denkens, Fühlens und Handelns auch bewusst zu machen und zu prüfen, ob ich für diese schon bereit bin. Bin ich zum Beispiel bereit, einen Teil meiner alten Realität loszulassen? Bin ich bereit, den einen oder anderen Menschen loszulassen, der die neue Realität nicht mit mir teilen will? Bin ich bereit, eine Stunde am Tag früher aufzustehen?

Meine Erfahrung ist, dass dies eine sehr, sehr kraftvolle Übung ist, die ich jeweils sehr achtsam praktiziere und die Nebeneffekte (mögliche Konsequenzen) bewusst aufkommen und wirken lasse, um dann nochmals bewusst zu entscheiden, ob ich den ersten Schritt wage oder nicht. Wenn ich diesen ersten Schritt dann sehr bewusst gehe, folgen die nächsten fast von ganz alleine. Mein Bild dafür ist der erste Dominostein, der alle anderen folgen lässt.

ÜBUNG 6

Wenn auf der Erde Liebe herrschte,
wären alle Gesetze entbehrlich.

(Aristoteles)

In dieser Übung lade ich dich ganz herzlich dazu ein, einmal ganz bewusst einen Menschen in den Blick zu nehmen, welcher dir nicht „sauber" vorkommt. Jemanden, den du ganz scharf verurteilst, weil er offensichtlich ein „schlechter" Mensch ist, beziehungsweise weil er dich tief verletzt hat.

Nun lade ich dich ein, einmal alle Urteile aufzuschreiben, welche du über diesen Menschen gefällt hast, und dir so noch einmal bewusst zu machen, was und wie du über diesen Menschen denkst.

Nun bitte ich dich, dich einmal in diesen Menschen hineinzufühlen.

Wie fühlt sich das an, diese Urteile auf sich wirken zu lassen?

Was würdest du dir in dieser Situation wünschen?

Bist du bereit, deine Urteile über diesen Menschen loszulassen und ihm noch einmal ganz neu zu begegnen?

Bist du bereit, das Schöne in ihm zu erkennen?

Was könntest du ihm „schenken", was du dir zuvor von ihm gewünscht hast?

Wenn du deine negativen Urteile in Frage stellst und bereit bist, diese loszulassen, befreist du nicht nur den anderen, sondern vor allem auch dich selbst aus der Energie des Grolls, des Neids und der Gier. Du bist dann wieder frei und kannst bewusst den Fokus auf das lenken, was dir guttut und so deine Energie erhöhen auf die Frequenz der Liebe, der Freude und des Friedens.

Ich lade dich hiermit dazu ein, diejenige zu sein, die Frieden stiftet. Danke dir!

Meiner Erfahrung nach ist das eine der kraftvollsten und gleichzeitig friedensstiftenden Übungen, die ich kenne. Eine Art Durchbruch in einer „Abhängigkeitsbeziehung" durfte ich erleben, als ich mir vor einem wichtigen Meeting alle meine Urteile über eine Schlüsselperson für dieses Treffen bewusst machte und mir gleichzeitig in Erinnerung rief, was ich mir von diesem Menschen wünschte. Mein Wunsch an ihn war, dass er mir zuhört und meine Meinung stehen lässt und sie nicht gleich abschmettert, wobei ich mich dann klein und beschämt fühlen würde. Dann habe ich mir die Frage gestellt, ob ich bereit wäre, ihm zuzuhören und seine Meinung stehen zu lassen, ohne sie abzuschmettern. Ich war bereit, dieses Experiment zu wagen. In der Situation selbst kamen oft Gedanken und Impulse, seine Meinung „kaputt" zu machen, weil ich Recht haben wollte. Ich konnte durch die Übung im Vorfeld diese Impulse unterlassen, ohne sie zu äußern und mich darauf fokussieren, seine Meinung als eine Meinung (unter vielen) stehenzulassen, ohne meine Meinung gleich danebenzustellen. Nach dem Treffen kam die Person auf mich zu und entschuldigte sich für ihre Angriffe von früher und die nachfolgenden Treffen verliefen stets friedlich. Nach und nach konnten wir in einen fruchtbaren Dialog kommen, bei dem mehrere Meinungen erwünscht und akzeptiert waren.

ÜBUNG 7

Starke Menschen zu erkennen ist einfach.
Sie sind diejenigen, die sich gegenseitig aufbauen,
statt sich gegenseitig zu zerstören.

In dieser Übung lade ich dich ganz herzlich dazu ein, ein Menschen-Magnet zu sein.

Bist du bereit, gegebenenfalls deinen Stolz loszulassen und die Realitätsblase des anderen zu betreten?

Falls JA, lade ich dich dazu ein, einen deiner Lieblingsmenschen zu fragen, wie du ihr zeigen kannst, dass du sie liebst, dass sie dir wichtig und wertvoll ist.

Wie mag sie anerkannt werden?

Wie mag sie wertgeschätzt werden?

Wenn du die beiden Antworten kennst, dann gib ihr einen Monat lang all das, was sie sich wünscht und staune, was passiert.

Wenn dir die Übung gefällt und Freude bereitet, darfst du sie gerne auf weitere Lieblingsmenschen ausweiten.

Meine Erfahrung mit dieser Übung ist, dass unendlich viel Leichtig-keit und Freude in die Beziehung kommt. Leichtigkeit, weil ich jetzt weiß, wie ich die Bedürfnisse der anderen erfüllen kann und wie ich sie stärken kann. Freude, weil ich etwas Neues ausprobieren kann, denn ich habe für mich festgestellt, dass ich andere gerne auf die-selbe Art wertschätze, auf die ich gerne Wertschätzung erfahre, und mir nicht unbedingt Gedanken darüber gemacht habe, welche Art der Wertschätzung die andere sich wünscht. Hinzu kommt, dass die Men-schen, denen ich diese zwei Fragen gestellt habe, mir die gleichen Fragen gestellt haben und mich auf meinem „Wunschkanal" wert-schätzten, was einerseits unglaublich guttat und andererseits unsere Beziehung erheblich stärkte. So entstand eine lebendige Beziehung, in der jede Beteiligte gestärkt wurde.

ÜBUNG 8

NICHT MEIN JOB	MEIN JOB
Menschen retten und reparieren	Menschen lieben
Beliebt sein	Authentisch sein
Alles machen	Den nächsten Schritt machen
Jedem gefallen	Meine Wahrheit sprechen
Krampfhaft zusammenhalten	Einfach sein lassen und atmen

In dieser Übung lade ich dich ganz herzlich dazu ein, einmal bewusst deine Beziehung zu dir selbst sowie auch deine Beziehungen im Außen anzuschauen.

Wo glaubst du, dich und/oder andere „reparieren" zu „müssen"?

Wo bist du bedingungslos freundlich mit allem?

Wo verbiegst du dich, um Liebe und Anerkennung zu erfahren?

Wo bist du ganz authentisch du selbst?

Wo machst du alles alleine und niemand kann es dir rechtmachen?

Wo machst du ganz bewusst einen Schritt nach dem anderen?

Wo möchtest du allen gefallen?

Wo sprichst du laut deine Wahrheit?

Wo versuchst du krampfhaft, alles zusammenzuhalten?

Wo erlaubst du dir, frei zu atmen und gegebenenfalls loszulassen?

Ich lade dich ein, genau hinzuspüren, mit welcher dieser Fragen du am meisten in Resonanz gehst, und diese dann bewusst für einen Monat in deinem Fokus zu behalten. Richte dir eine tägliche Erinnerungshilfe ein, indem du beispielsweise deine Frage am Spiegel, am Nachttisch, in der Küche oder ... platzierst oder sie in deine Handinnenfläche schreibst. Das funktioniert bei mir gut.

Aus meiner Erfahrung ist auch dies eine sehr kraftvolle Übung, da sie mir genau zeigt, wo ich bereits sehr klar in meinen Werten bin und wo ich auch bereit bin, voll und ganz zu mir und meinen Werten zu stehen. Jedes Mal, wenn ich bewusst für mich und meinen Wert einstehe und gegebenenfalls den Preis der Missbilligung von außen bezahle, wachsen mein Selbstwert, meine Selbstachtung und meine Würde. Es ist ein unbeschreibliches, nährendes Gefühl.

ÜBUNG 9

Sprache übt eine unsichtbare Kraft aus,
wie der Mond auf die Gezeiten.

(Rita Mae Brown)

In dieser Übung lade ich dich ganz herzlich dazu ein, einen ver-rückenden Gedanken bewusst in dein Denksystem aufzunehmen und ihn über einen Zeitraum von einem Monat bewusst immer wieder zu denken, auch wenn es sich an manchen Tagen besonders schräg anfühlt.

Beobachte und staune, was dieser neue Gedanke in dir bewirkt.

Auch hier **meine Einladung**, dir eine tägliche Erinnerungshilfe einzurichten; zum Beispiel deinen Gedanken am Spiegel, am Nachttisch, in der Küche oder … zu platzieren, oder ihn auf deinen Arm zu schreiben.

Hier meine aktuellen Lieblingsbeispiele, die du zum Teil bereits kennst:

Es ist nichts zu schön, um wahr zu sein.

Ich wähle ein Leben in Freude.

In meinem Leben ist immer noch viel, viel mehr möglich, als ich jetzt gerade erfahre.

Freude ist mein Geburtsrecht und ich nehme dieses Recht jetzt an.

Die Wahrheit ist, ich war nie zu viel und kann es auch nicht sein, denn ich bin genauso geschaffen, wie die Welt mich braucht.

Ich bin die Quelle meiner Freude.

Ich bin ein Wunder und ich bin wertvoll, genauso, wie ich bin.

Meine Erfahrung mit solch teilweise verrückten Gedanken ist, dass sie nicht nur meinen Denk-Horizont erweitern, sondern auch meinen Erfahrungs-Horizont, indem sie die Grenzen von unmöglich zu möglich verschieben. So konnte ich vor allem meine anerzogene, erlernte Freude-Grenze immer wieder ein Stück erweitern und mich mittlerweile auch wieder ganz grundlos einfach so freuen.

ÜBUNG 10

Viele unserer Probleme gäbe es nicht,
würden wir miteinander, statt übereinander sprechen.

(Netzfund – Verfasser unbekannt)

In dieser Übung lade ich dich ganz herzlich dazu ein, eine bisher zurückgehaltene Botschaft offen und ehrlich an eine für dich wichtige Person, für die diese Botschaft bestimmt ist, zu kommunizieren. Hierbei kann es sich sowohl um ein Kompliment als auch um einen sogenannten „blinden Fleck" dieser Person handeln.

Achtung, auch dies ist eine sehr powervolle Übung. Deshalb **meine Einladung** an dich, dir eine Person auszusuchen, die dir wirklich wichtig ist.

Erkläre dieser Person, dass du ihr etwas mitteilen möchtest, was du ihr gegenüber bisher zurückgehalten hast und bitte sie darum, die Botschaft ankommen und wirken zu lassen und in den nächsten 24 Stunden nicht zu kommentieren. Sie darf sich allenfalls bei dir für die bisher zurückgehaltene Botschaft bedanken. Beobachte, was es mit dir macht, wenn du ganz authentisch deine Wahrheit sprichst. Beobachte, was es mit eurer Beziehung macht.

Wenn du magst, dehne die Übung über einen längeren Zeitraum aus, indem du deiner ausgewählten Person mitteilst, dass sie dir so wichtig ist, dass du über einen bestimmten Zeitraum ganz offen und ganz ehrlich mit ihr kommunizieren möchtest. Gerne kannst du auch den Kreis der dir wichtigen Personen ausweiten.

Beim Senden von zurückgehaltenen Botschaften habe ich für mich festgestellt, dass mir sowohl das Senden von Komplimenten als auch das Senden von „unangenehmen" Botschaften anfangs sehr schwerfiel. Ich hatte unbewusst Angst vor der Nähe und Intimität, die entstand, wenn wir uns wahrhaftig begegneten.

Von den betroffenen Personen erhielt ich vielfältige Reaktionen und Rückmeldungen. So wurde mir einerseits mitgeteilt, dass die betreffenden Personen schon längere Zeit geahnt und gespürt hatten, dass ich ihnen gegenüber etwas zurückgehalten hatte. Andererseits wurde mir sehr oft gedankt, auch für das Mitteilen eines „unbequemen" Feedbacks. Aus meiner Erfahrung macht diese Übung frei, da ich das Zurückgehaltene wirklich freilasse, indem es auf seine Adressatin trifft, die die Botschaft ablehnen oder annehmen kann.

Das Darüber-Reden mit anderen führt in meiner Erfahrung weder zu Erleichterung noch zur Veränderung. Allenfalls ein Gefühl von Bestätigung stellt sich ein, da ich mir ja in dem Fall auch die Menschen aussuche, die mich bestätigen.

Meine Erfahrung mit dem Empfangen „angenehmer" Botschaften ist, dass ich dies anfangs seltsam fand, weil es für mich ungewohnt war. So fiel es mir zu Beginn sehr schwer, Komplimente anzunehmen und wies sie sogar unbewusst zurück mit Worten wie „das ist doch selbstverständlich", „das ist doch nicht der Rede wert" …

Meine Erfahrung mit dem Empfangen „unangenehmer" Botschaften ist, dass zuerst eine Schutzreaktion in mir hochfährt, welche sich sofort verteidigen will. Wenn ich diesen Schutzmechanismus „nur" wahrnehme, ihn nicht auslebe und die Botschaft wirken lasse, dann kann ich aus der anfangs „unangenehmen" Rückmeldung eine Lehre ziehen und mich bewusst verändern oder bewusst für mein Sein eintreten.

ÜBUNG 11

Lass niemanden Raum in deinem Kopf mieten,

außer es handelt sich um einen guten Mieter.

(Netzfund – Verfasser unbekannt)

In dieser Übung lade ich dich ganz herzlich dazu ein, dir einmal ganz bewusst anzuschauen, wem du alles Raum in deinem Geist gibst und welche „Influencer" (Nachrichten, Bücher, Menschen, TV-Sendungen, Podcasts ...) **du mit deiner Aufmerksamkeit nährst.**

Nimm dir Zeit und beobachte einen Monat lang, wie deine „Influencer" dich beeinflussen.

Danach lade ich dich ein, dich während eines Monats jeden Tag ein Stück mehr von denen beeinflussen zu lassen, die dir guttun, dich stärken, und die sein zu lassen, die dir schaden, dich schwächen.

Beobachte, was passiert.

Wiederhole die Übung, wenn du magst, beziehungsweise, wenn du merkst, dass sie dir wieder guttun würde.

Meine Erfahrung mit dieser Übung ist, dass ich einerseits sehr schnell dafür sorgen kann, mir ein Umfeld mit mich nährenden und stärkenden Gedanken, Gefühlen und Handlungen zu schaffen. Andererseits schmerzt es auch immer wieder, alte Gewohnheiten bewusst loszulassen, welche mir schaden. Vor allem Menschen loszulassen, macht mich immer wieder traurig. Dabei hilft mir sehr, in die Energie der Dankbarkeit einzutauchen und mich aufrichtig und ehrlich für den bisherigen gemeinsamen Weg zu bedanken und mit Vorfreude auf die nächste Wegkreuzung unserer individuellen Wege vorauszuschauen.

An dieser Stelle ist es mir wichtig, zu sagen, dass ich kein Asket bin und dass ich gelegentlich Dinge sehr gerne bewusst genieße, obwohl ich weiß, dass sie mir nicht guttun. Hier breche ich bewusst aus der Gewohnheit der „Selbst-Optimierung" aus und wähle bewusst die Beziehung zu mir und die Erfüllung eines Bedürfnisses, das mir auf lange Sicht bei übermäßigem, unbewusstem Konsum schaden würde.

ÜBUNG 12

Bevor ich dir die letzte Übung vorstelle, möchte ich DICH aufrichtig anerkennen.

So schön, dass du dich dir und deiner Beziehung zu dir widmest. So schön, dass du den unterschiedlichen Übungen, bewusst mit dir in Beziehung zu treten und diese Beziehung bewusst zu vertiefen, eine Chance gegeben hast und vielleicht auch immer mal wieder gibst.

Voll schön, dass es dich gibt! Ja, ich meine wirklich dich.

Du bist wundervoll, einzigartig und absolut liebenswert.

Du bist richtig und wichtig, genau so, wie du bist.

Die ganze Welt wartet auf dich und deine Einzigartigkeit.

Zeige dich, wenn du magst.

Danke, danke, danke, dass du dies hier liest!

Und nun zur letzten Übung dieses Buches, einer Übung, die mich am Anfang meines Weges der Persönlichkeitsentwicklung und Potenzialentfaltung sehr viel Überwindung gekostet hat.

Ich lade dich dazu ein, dich einmal für alles anzuerkennen, was du an dir magst.

Schreib es auf mit Datum und Unterschrift. Und leg diesen Zettel unter dein Kopfkissen, wenn du möchtest.

Meine Einladung an dich ist es, einen Monat lang deinen Zettel einmal täglich zu lesen, am besten laut.

Dies ist eine sehr kraftvolle Übung, die deine Beziehung zu dir stärken wird. Meine Einladung ist, sie immer mal wieder zu wiederholen, damit dir in Erinnerung bleibt, wie wundervoll du bist, und um bewusst neue Aspekte deiner Einzigartigkeit liebevoll anzuerkennen.

Genieße dich und dein Sein.

Mögest du aufrichtig glücklich sein.

Namaste,
mein innerer göttlicher Kern grüßt den
dir innewohnenden göttlichen Kern.

Luc

NACHWORT

Früher dachte ich, dass die größten Umweltprobleme
der Verlust der Artenvielfalt, der Kollaps der Ökosysteme
und der Klimawandel wären.
Ich dachte, 30 Jahre Wissenschaft könnten
diese Probleme angehen.
Ich habe mich geirrt.
Die größten Umweltprobleme sind Egoismus, Gier
und Gleichgültigkeit, und um mit ihnen fertigzuwerden,
brauchen wir einen kulturellen Wandel.
Und wir Wissenschaftler wissen nicht, wie man das macht.

(Gus Speth[1])

Dieses Zitat von Gus Speth ist für mich die Einladung, ganz bewusst den Weg der Selbstliebe, den Weg der Beziehung zu mir und zu allen Wesen einzuschlagen, damit mir wieder bewusst wird, dass ich Teil der Natur bin, Teil dieser Erde, Teil des Universums. Hier wird mir bewusst, wie wichtig ich für das große Ganze bin und wie unwichtig gleichzeitig.

---

[1] Quelle: Gus Speth Calls for a „New" Environmentalism, https://loe.org/shows/segments.html?programID=15-P13-00007&segmentID=6

Mit diesem kosmozentrischen Bewusstsein, nicht nur ein einzelnes, getrenntes Wesen zu sein, sondern gleichzeitig auch ein Teil dieses Universums und somit mit allem in Verbindung zu stehen, kann ich nicht mehr „guten Gewissens" den Weg des Egoismus, der Gier und der Gleichgültigkeit gehen. Ich bin mir bewusst, dass jede Entscheidung, jede Handlung, Konsequenzen nach sich ziehen.

Da wir in einer sehr komplexen Wirklichkeit leben, sind die Konsequenzen aus unseren Handlungen und Entscheidungen auch jeweils komplex und selten nur „gut" oder nur „schlecht".

Meine Großmutter pflegte zu sagen: „Jedes Gute hat sein Schlechtes und jedes Schlechte hat sein Gutes". Ich bekomme so langsam eine Ahnung, was hinter dieser Weisheit steckt.

Meine Wahrheit, Stand jetzt, ist:

Wenn wir unseren Kindern und Enkelkindern unseren Heimatplaneten ein Stück heiler und friedvoller hinterlassen wollen als wir ihn vorgefunden haben, dann dürfen wir auf sehr komplexe Herausforderungen Antworten finden, wie beispielsweise die Flüchtlingswellen, den Klimawandel, den Rechtsruck in vielen Teilen der Welt, Rassismus, Xenophobie und die verschiedenen Nachbeben der Corona-Krise.

Um tragfähige und verbindende Lösungen zu finden, dürfen wir sehr achtsam im Kontakt mit unseren Bedürfnissen und Werten stehen, sowie gleichzeitig sehr offen für die Bedürfnisse und Werte der anderen sein.

Nur verbindende Lösungen, welche es ermöglichen, die Bedürfnisse und Werte aller Beteiligten zu berücksichtigen, führen zu langfristigen, verbindlichen und friedlichen Lösungen und Absprachen. Aus meiner Erfahrung braucht es dafür lebendige Beziehungen, welche alle Beteiligten stärken. Und solche Beziehungen brauchen starke Menschen, welche eine starke Beziehung zu sich selbst pflegen.

In diesem Sinne bedanke ich mich noch einmal ganz herzlich bei dir. Ich wünsche dir viel Freude beim weiteren Praktizieren der Selbstliebe.

Wisse, dass du unfassbar wichtig bist!

Jede, die Selbstliebe praktiziert und sich zu einem reifen, starken Menschen entwickelt und somit zu liebevollen, lebendigen Beziehungen beiträgt, ist Teil der Lösung.

Darum ist Selbstliebe gleichzeitig praktizierte Selbstlosigkeit.

DANKE

Diese Zeilen sind all jenen gewidmet, ohne die dieses Buch nie zustande gekommen wäre.

Danke, Papa, dass du mir das Leben geschenkt hast und mir den Weg in die Erfahrung des Mensch-Seins geebnet hast.

Danke, Mama, dass du deinen Körper zu Verfügung gestellt hast, mich neun Monate lang auszutragen. Danke, dass du mich erzogen hast und danke, dass du mich frei gelassen hast, meine eigenen Werte und meine eigene Wahrheit zu finden.

Danke, Tanja, dass du mich am 9. November 2011 wachgerüttelt hast. Danke für unsere gemeinsame Tochter Neve. Danke, dass du Neve so eine wundervolle Mutter bist.

Danke, Josée, mein Schatz an meiner Seite. Danke, dass ich durch dich jeden Tag Sicherheit, Geborgenheit, Ekstase und pure Lebensfreude erfahren darf. Du bist mein sicherer Hafen und meine größte Förderin. Danke für Maurice und Levi, unsere beiden Söhne. Danke, dass du ihnen eine so klare und selbstbewusste und selbstbestimmte Mutter bist.

Danke, Neve, Maurice und Levi, ihr seid meine Inspiration, mein Sinn und meine größten Spiegel.

Danke, Cornelia Köhler, meine erste spirituelle Lehrerin und Förderin. Danke, dass du damals schon so viel mehr in mir gesehen hast.

Danke, Martin Stoeck, dass du mich sanft mit meiner männlichen Energie in Kontakt gebracht hast und den Samen der Selbstliebe in mir gesät hast.

Danke, Andrea und Veit Lindau, einfach für euer Sein. Ihr habt mein Leben so sehr bereichert und aufgepimpt, dass es in Worte nicht zu fassen ist. Ich liebe homodea!

Danke allen Menschenlehrerinnen und allen Menschenlehrern, danke allen Energizerinnen und Hüterinnen, allen Energizern und Hütern. Danke für ein fantastisches, wundervolles, liebevolles, fried-volles, freudvolles Feld des Erwachens und Wachsens. Danke für ein unbeschreibliches Feld der Potenzialentfaltung.

Danke meinem magischen Kind, das nie aufgehört hat, an mich zu glauben. Danke für dein Dranbleiben und dein unnachgiebiges Rufen nach Freiheit, Freude, Liebe, Vertrauen und Würde.

Danke an alle anderen Wegbegleiterinnen und Wegbegleiter, wel-che ich nicht alle namentlich hier an dieser Stelle nennen möchte. Jeder Einzelnen, jedem Einzelnen gebührt mein aufrichtiges und tie-fes Danke!

Danke, René Stein, dein wohlwollendes Feedback, deine Ermu-tigungen waren Wind unter meinen Schreibflügeln, sowie dein Ba-sisCamp zu meiner täglichen meditativen Praxis. Du bist richtig! (dubistrichtig.de)

Danke, Kevin Rotolo, für die unglaubliche Erfahrung eines professio-nellen Fotoshootings, für die Hilfe bei der Gestaltung des Covers und für ein Hardcover-Exemplar des ersten Probedrucks meines Buches. Danke für deine Hilfe bei der Erstellung meiner neuen Webseite. (deluxe-booking.com)

Danke, Cornelia Linder, für dein Coaching. Deine öffnenden Fra-gen haben mich unglaublich inspiriert, mein Manuskript noch einmal umzugestalten und die einzelnen Abschnitte zu bearbeiten. Danke für deine wertvollen und wertschätzenden Rückmeldungen, die noch einmal Wind unter meine Schreibflügel gehaucht haben.

Danke, Daniela Wilhelmi, für die Bereitschaft, dich von meinem Manuskript so tief berühren zu lassen und mich an deinem Erleben des Manuskripts so wahrhaftig teilhaben zu lassen. Dein Feedback war und ist Balsam für meine Seele und hat den Prozess vom Manuskript zum Buch mit Freude, Dankbarkeit und Demut erfüllt. Danke für diese Erfahrung.

Mögen alle Wesen aufrichtig glücklich sein.

ÜBER MICH:
WER BIN ICH UND WARUM
SCHREIBE ICH DIESES BUCH?

Wer bin ich?

Eine gute Frage, welche mich jetzt nun schon seit fast zehn Jahren umtreibt.

Damals hätte ich auf diese Frage folgendermaßen geantwortet:

Mein Name ist Luc Hertges, ich bin Grundschullehrer, Vater einer wundervollen Tochter und lebe in Luxemburg mit meiner zauberhaften Frau und unserer gemeinsamen Tochter.

Heute, im Jahr 2020, stimmt nichts mehr von dem. Alles hat sich verändert – an dem Tag, an dem mich meine Frau wachgeküsst hat –, wie ich es heute nenne, mit dem nötigen Abstand und Respekt.

In dem Moment, in dem ich diesen Text hier schreibe, identifiziere ich mich nicht mehr mit meinem Namen, meinem Körper, meinem Job, meinen Hobbys … Ich weiß, dass ich alles das habe und mein derzeitiges Bewusstsein lässt mich in Erfahrungen eintauchen, welche mir das Gefühl geben, dass da noch so viel mehr von mir ist: eine Seele, ein unsterblicher Teil des großen Ganzen, den mein menschlicher Geist nicht zu fassen bekommt.

Also, mein Name ist nach wie vor Luc Hertges. Ich bin mittlerweile zum zweiten Mal verheiratet und habe jetzt drei Kinder, eines aus erster Ehe und zwei aus zweiter Ehe. Wir leben zu fünft mit unserer Katze auf dem Land in Luxemburg. Zurzeit arbeite ich für das SCRIPT, eine Abteilung des luxemburgischen Unterrichtsministeriums, als Schulentwickler. Ich schreibe „zurzeit", da ich Anfang Januar 2020 gekündigt habe und ab September 2020 als Coach, Trainer und spiritueller Lehrer in Selbstständigkeit arbeite.

Warum dieses Buch?

Mein allersehnlichster Wunsch ist es, das alte Erziehungs- und Bildungskonzept zu transformieren, da mir in den letzten Jahren immer bewusster wurde und nach wie vor wird, wer ich wirklich bin. Gleichzeitig wurde mir bewusst, dass meine Eltern, damalige LehrerInnen, ErzieherInnen und Bezugspersonen, mich nie wissentlich danach gefragt haben, wer ich bin und wer ich sein möchte, sondern mir viel eher ihre Erwartungen, Wünsche und sozialen Normen aufgedrückt haben. Die habe ich dankend und ohne zu hinterfragen übernommen, um einen Platz in ihrer Gesellschaft zu haben und um ein Stück vom Liebeskuchen abzubekommen. Aus heutiger Sicht habe ich mich sehr in diesem „Muss-" und „Funktionierschema" verloren, sodass ich mir im Alter von 38 Jahren eingestehen durfte, nicht zu wissen, wer ich bin. Ich wusste zu diesem Zeitpunkt sehr gut, was von mir verlangt wurde und habe dies pflichtbewusst und gehorsam erfüllt. Allein die Lebensfreude fehlte mir. Dies bemerkte ich jedoch nicht, da ich mich mit Konsum ablenkte und tröstete. Nicht einmal meine graue Missstimmung nahm ich wahr, war sie doch zum grauen Alltag geworden. Und so arbeitete ich fleißig weiter und wartete mit 38 Jahren auf die Rente. Denn da sollte mein Leben endlich beginnen. Doch dann kam der Knall, für mich ganz überraschend und unvorhersehbar. Meine damalige Frau verließ mich und ließ unsere Tochter bei mir zurück. Aus heutiger Sicht ein Segen. Ich wurde regelrecht wachgeküsst und durfte volle Verantwortung für mein Leben übernehmen.

Natürlich habe ich am Anfang gejammert und gegrollt. Aber nur kurz, denn mir war bewusst, dass da ein junges Wesen an meiner Seite war, das ihren Vater brauchte. Mit dieser Anfangsmotivation habe ich begonnen, den Wert aus dieser Krise zu schöpfen und ich habe zum ersten Mal die Frage „Wer bin ich?" auf mich wirken lassen.

Eine Frage, welche mich nicht mehr loslässt in Verbindung mit der Frage „Wie würde die stärkste, liebevollste, wahrhaftigste und freieste Version von mir aussehen?".

Das sind Fragen, welche mich sehr geöffnet und tiefgreifend verändert haben. Vor allem haben sie das in mir schlummernde Potenzial wachgerüttelt und lassen mich immer wieder neu und kühn von mir denken und mich weiterentwickeln.

Als Lehrer, Beratungslehrer und auch als Schulentwickler sind mir diese Fragen selten bis nie begegnet. Wenn ich sie in Schulentwicklungskontexten verdeckt einsetze, darf ich jeweils Zeuge sein, wie ungeahntes Potenzial auf einmal zu wirken beginnt und die Grenzen von Unmöglich und Möglich ver-rückt werden. Von manchen Arbeitskollegen und -kolleginnen werde ich auch als verrückt belächelt, was mich schmerzt.

Dieser Schmerz erinnert mich an den Schmerz aus meiner Kindheit, als das wilde, freie, wissbegierige, lebendige und lernbegeisterte Wesen nicht gesehen und, als nicht in die Strukturen passend, erniedrigt, gedemütigt und kleingemacht wurde. Noch heute fühle ich mich in neuen Kontexten klein, in denen mir die Sicherheit fehlt.

Aus der Überzeugung heraus, dass es vielen von uns so ergangen ist, dass wir nicht gelernt haben, unsere inneren Schätze zu bergen und in die Welt zu bringen, sondern vielmehr am Glauben festzuhalten, dass wir klein, dumm und unwissend sind und die Intelligenten und Gelehrten über unser Leben entscheiden lassen sollen – aus dieser Überzeugung heraus sage ich NEIN! Damit muss jetzt ein und für alle mal Schluss sein!

Wir dürfen erfahren, welch wundervolle und wundersame Wesen wir sind, und vor allem dürfen wir unsere Kinder und die Kinder, die uns als Lehrerinnen, Erzieherinnen, Pflegerinnen … anvertraut werden, als die Wunder sehen, die sie sind. Mit all ihren Talenten, um eine liebevolle und vertrauensvolle Umgebung zu schaffen, in der sie diese Talente voller Freude und Begeisterung entfalten.

Kinder sind unsere Zukunft und in diesen dynamischen Zeiten werden mehr denn je kostbare Schatzsucherinnen gebraucht, die bereit sind, sich voll und ganz zu verschenken, um gemeinsam an den Herausforderungen unserer Zeit zu wachsen und für das Allgemeinwohl gute Lösungen zu finden.

Mein Anliegen mit diesem Buch ist es, allen Kindern dieser Welt ihre Würde zu lassen beziehungsweise wieder zuzugestehen und dabei unsere eigene Würde wiederzuentdecken und zu pflegen.

Somit ermöglichen wir uns ein selbstbewusstes, selbstbestimmtes und selbstwirksames Leben – das Glück, nach dem so viele von uns suchen.

Mögen alle Wesen aufrichtig glücklich sein!

www.luc-hertges.lu

Besuchen Sie unsere Homepage,
dort finden Sie weitere Bücher, Hörbücher und CDs.
Wir freuen uns auf Sie!

www.sheema-verlag.de

KONTAKT

Sheema Medien Verlag
Bücher. Aus Liebe.

Hirnsbergerstr. 52
D – 83093 Antwort

Tel.: +49(0)8053 – 7992952

E-Mail: info@sheema.de
https://www.sheema-verlag.de

SHEEMA

MÖGEN ALLE WESEN GLÜCKLICH SEIN